사서
四書
산책

사서 四書 산책

논어 · 맹자 · 대학 · 중용

한예원 지음

아카넷

머리말

　인류의 문명을 지리상의 위치로 나눌 경우 편의상 동양문명과 서양문명으로 구분할 수 있다. 여기서 동양문명이란 한마디로 정의하기 어려운 광의의 개념이지만, 한 가지 힌트를 카렌 암스트롱의 책 『축의 시대』에서 얻을 수 있다. '축의 시대'란 인류 정신의 자양분이 될 철학과 종교적 전통이 형성된 시기로, 인도 지역의 불교와 힌두교, 이스라엘 지역의 유일신교, 중국의 유교와 도교, 그리스 지역의 합리적 철학주의가 인류의 정신적 발전에서 중심축을 이룬 시기이다. 따라서 '유교와 도교 문명권'을 공간적 좌표로 삼고 '축의 시대'를 시간적 좌표로 삼는다면 본서에서 의미하는 동양문명의 개념이 보다 선명해진다.

　동양문명을 형성한 토대 중 가장 중요하였던 것은 한자와 한문이라는 기록의 수단이 있었다는 사실이다. 그렇기 때문에 이 시기를 '한문문명 형성기'라고도 지칭하고, 또 '동양고전東洋古典'의 시대라고도 지칭한다. '고전'이란 누구나 이름은 알지만 읽어본 사람은 그리 많지 않은 책이라고 말한다. '고전'이 '고서古書'와 다른 점은, 단순히 오래된 책일 뿐만 아니라, 인간 삶의 전범이 되었던 책이라는 데 있다. 즉 고전은 한문문명 형성기 이후 현재에 이르는 2천여 년 동안 인간의 삶을 지배하여 왔다고 해도 과언이 아니다.

　이 시대의 고전 중에서 특히 유교적 내용의 고전을 '경전經典'이라고 부른다. '경經'이란 '날실·줄기' 등의 의미로 세로를 잇는 축이라는 의미를 갖고 있다. 유교문명권에서 고금古今을 통하여 중요한 위치를 점하고 있는 책이다. 유교경전은 일반적으로 사서四書, 삼경三經, 오경五經, 칠경七經, 구경九經, 십삼경十三經으로 분류하여 통칭하고 있다. 그중 본서에서는 사서四書를 주목하고자 한다.

　사서四書는 말 그대로 4종류의 책으로 『논어論語』, 『맹자孟子』, 『대학大學』, 『중용中庸』을 일컫는다. 이 중 가장 널리 알려진 책은 역시 『논어』이다. 『논어』는 춘추시대 공자와 그 제자들의 언행을 공자 사후에 공자 학단의 제자들이 정리한 것이다. 제자들의 질문에 대하여 공자가 답을 하는 형식의 짧은 대화체로 구성된 『논어』는 천고에 통하는 처세론處世論의 명저로 자리 잡고 있다. 반면에 『맹자』는 전국시대 맹자와 그 제자들의 언행이 묶여진 것이다. 『맹자』는 『논어』와 달리 맹자가 생존하고 있을 때 그 제자들과 함께 편찬했을 가능성이 높고, 내용도 『논어』에 비하면 훨씬 장문으로 구성되어 있어서 당시 토론 및 정치문화의 일면을 엿볼 수 있는 정치철학의 명저이다. 따라서 『맹자』는 동시대의 『순자荀子』와 함께 제자백가 중 유가儒家의 대표적 정치론으로 자리 잡고 있다.

　한편 사서四書의 『대학』과 『중용』은 본래 독립된 책이 아니라, 「오경」으로 분류되던 『예기』 속의 일부분이었다. 북송北宋의 정이程頤 정호程顥 형제를 이어서 남송의 주희朱熹는 유가 경전에 대해서 대대적으로 재해석을 행하였고, 그것을 주희는 『사서장구집주四書章句集註』로 집대성하였다. 12세기 이후부터 유교 경전의 대명사는 「사서오경」으로 지칭하게 되었다. 『중용』은 『예기』의 31권에 들어 있던 것이고, 『대학』은 『예기』의 42

권에 들어 있던 것이다. 따라서 『대학』과 『중용』은 모두 분량이 길지 않은 단문이다. 하지만 그 내용면에서는 『논어』나 『맹자』보다 좀 더 전문적인 주제로 구성되어 있다. 『대학』이 통치조직의 편성과 그 운영을 논하는 통치론統治論이 중심을 이룬다면, 『중용』은 인간의 내재적 세계와 초월세계를 심도 있게 논하는 인간론人間論이 중심을 이루고 있다.

본서는 사서四書 중 80여 문장을 선별하여 소개한다. 선택의 기준은 『논어』에서는 공자의 처세관에 중점을 두었고, 『맹자』에서는 맹자의 정치관 중 민본주의와 혁명에 중점을 두었다. 『대학』에서는 고대 사회조직의 통치론 중 삼강령과 팔조목에 중심을 두었고, 『중용』에서는 인간관으로서 수양과 그 핵심인 성誠에 중점을 두었다.

책의 구성은 독음을 붙인 한문 원문, 그 한문의 독해에 필요한 주해註解와 군더더기 없는 대역對譯을 제시하였고, 다시 본문의 내용을 키워드 중심으로 음미하면서 써보도록 하였다. 따라서 본서에는 번역문에 대한 해설이 들어 있지 않다. 사서四書를 미지의 '정원' 또는 '도시'라고 설정하고, 이곳을 처음 산책하거나 방문한 독자를 위하여 최소한의 가이드를 제공하는 것에 본서의 목표를 두었다.

사서四書라는 고전의 세계를 최소한의 가이드만 가지고 자유롭게 책장을 넘기면서 산책한다면, 올바르게 산다는 것이 무엇인지 자신의 처세관을 뒤돌아보는 기회를 얻을 수 있고, 올바른 정치의 중요성을 곱씹어 보는 사유도 할 수 있으며, 사회를 움직이는 원리, 인간을 이해하는 원리를 곰곰이 생각해 보는 계기도 마련할 수 있으리라 기대한다. 사서四書의 산책 이후, 관심이 가는 부분에 대해서는 각 분야의 후미에 첨부한 참고문헌을 통하여 자신의 관심을 확장시켜 나가기를 바란다.

2019년 9월
한 예 원 謹識

차례

1
논어
論語

2
맹자
孟子

맹자孟子 산책   129

동아시아와 중국 성도

1

논어 論語 산책

현재 중국에서 춘추오패의 지역

춘추오패의 위치

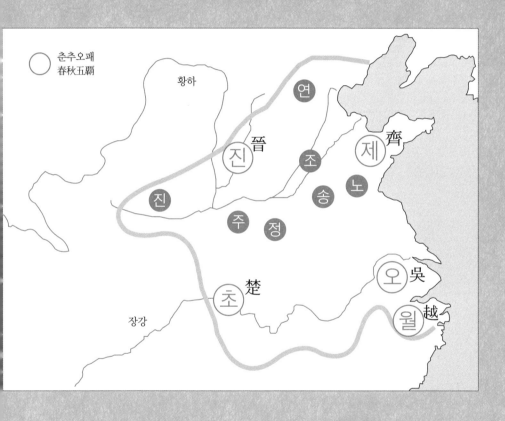

곡부 공자묘의 대성전(위) / 곡부의 공자묘소(아래)

논어論語 산책

『논어』는 지금부터 약 2500년 전에 살았던 공자(기원전 551~기원전 479)가 제자들의 질문에 답하고 제자들과 함께 토론한 내용을 후대의 사람들이 모아서 책으로 편집한 것이다. 이렇게『논어』의 저자는 누구라고 딱히 말할 수 없지만, 공자의 제자 및 그 재전再傳 제자들이 스승의 가르침을 어록체語錄體 즉 대화체로 편성하여 만들었다.

이 책의「논어 산책」에서는 공자와 제자들의 구체적인 대화를 통해『논어』를 산책하면서 공자의 일상생활의 모습과 정치적 의견, 윤리적 입장, 도덕교육의 면모를 만날 수 있을 뿐만 아니라, 당시 제자들의 관심사 및 학단에서의 생활 모습을 살펴볼 수 있다.

공자의 삶은 사마천司馬遷(기원전 145~ 기원전 86)의『사기史記』가 가장 잘 전달해 주고 있다. 사마천은 공자를 제왕의 역사를 다루는「세가世家」에 올려놓았다. 이는 사마천이 공자를 제후에 뒤처지게 보지 않았다는 증거이며, 공자에 대한 사마천의 존경을 드러낸다.「공자세가孔子世家」는 사마천이 공자에 대해 많은 자료를 열람하고, 그 위에 자신의 문학적 상상력을 보충하여 쓴 것이다. 이 밖에 공자 집안에 전해져 오는『공자가어孔子家語』라는 문헌도 공자의 모습을 전해주고 있다. 하지만 공자의 가장 진실한 모습을 전해주고 있는 것은 역시『논어』라고 하겠다.

공자는 기원전 551년 하급 무사였던 아버지 숙량흘叔梁紇과 어머니 안 씨녀 사이에서 태어났다. 아들을 바라던 부모가 니구산尼丘山에서 기도 하여 얻었기 때문에 이름을 공구孔丘, 또 부르는 이름인 자字를 중니仲 尼라고 하였다. 어린 나이에 아버지를 잃고 집안이 매우 쇠락하자, 공자 는 일찍이 "나는 어려서 어려운 가정환경이었기 때문에 비루한 일에 많 이 능숙하다(吾少也賤오소야천, 故多能鄙事고다능비사)"라고 말할 정도로 여러 가지 일을 하면서 젊은 어머니를 모셨다. 청년 시기에는 창고관리 직과 목장관리직을 담당하기도 하는 등, 비록 생활은 풍요롭지 못했지만 배우기를 좋아하였다. 특히 전문지식을 갖춘 전문가에게 배우기를 좋아 하여, "세 사람이 걸어가면 반드시 나의 스승 될 사람이 있으니, 그중 장 점을 선택하여 본받고, 그중 단점을 바꾸고자 한다(三人行삼인행, 必有我 師焉필유아사언, 擇其善者而從之택기선자이종지, 其不善者而改之기불선자이 개지)"는 자세를 죽을 때까지 견지하였다.

공자는 평생 동안 세 가지 일에 힘썼다. 즉 사람으로서 올바른 삶을 살기 위한 도道를 전승하여 제자를 교육하는 일, 많은 제후의 나라에 유 세遊說하면서 자신의 정치철학을 설명하는 일, 그리고 고대 문화의 전적 典籍을 정리하는 일이었다. 공자는 70에 가까운 나이에 노魯나라에 돌아와 제자 양성과 고대 문헌 정리에 진력하였다. 후세는 공자를 춘추 말기의 유가儒家 사상의 대표자이면서 교육자로 보고 있다.

현재 우리가 접하는 『논어』는 전체가 상론上論 10편, 하론下論 10편으로 모두 20편篇으로 구성되고, 모두 482장章이 각 편에 약간의 장章으로 나누어져 있다. 각 편의 편명篇名은 후세 사람들이 붙인 것으로, 편명은 제1장의 머리 부분 두 글자를 취하였지만, 각 편의 내용을 가장 잘 드러내는 말이 선택되어 있다. 각 편은 어떤 경우는 문답 및 대담 형식이고, 어떤 경우는 의미를 설명하는 서술식이다. 『논어』는 전체가 약 27,000여 자로 구성되지만, 사용된 한자 수는 1,520자 정도이다.

『논어』는 평이한 문체에 내용을 간명하게 요약한 형식이지만, 내용은 매우 풍부하다. 정치학, 행정학, 수양론, 교우론, 처세론 등 다양한 방면에 대하여 심오한 견해가 드러난다. 따라서 공자와 그의 후계자들에 의해 계승 형성된 유가사상은 동아시아 2천여 년의 역사 중에서 정치, 경제, 문화, 교육 등 모든 분야에서 가장 큰 영향력을 발휘하였다. 한대漢代에 추진된 '유교국교화' 정책 이후, 중국의 역대 왕조는 공자를 성인으로 추앙하였고, 유가사상은 동아시아 고대 사회의 중심 사상으로 자리잡게 되었다.

子曰, "學而時習之, 不亦説乎?
자 왈　　학 이 시 습 지　　불 역 열 호

有朋自遠方來, 不亦樂乎?
유 붕 자 원 방 래　　불 역 락 호

人不知而不慍, 不亦君子乎?"
인 부 지 이 불 온　　불 역 군 자 호

子(자): 옛날 남자의 존칭. 『논어』의 '자왈子曰'은 모두 공자를 일컫고, '선생先生'과 같은 말임

曰(왈): 누가 ～라고 말하다. 남의 말을 인용하는 경우 사용함

而(이): 그리고(문맥에 따라서는 '그러나'로 풀이되는 경우도 있음)

時(시): 항상, 때에 따라

習(습): 어린 새가 날기 위하여 깃을 반복해서 움직이는 모습을 형상한 글자(習, 鳥數飛也), 반복하
　　여 복습하다

說(열): 열(悅)과 같은 의미, 기뻐함(說, 喜意也)

不亦～乎(불역～호): 또한 ～하지 않겠는가?, 반어형의 문형

朋(붕): 같은 스승에게 배운 벗(朋, 同類也)

友(우): 같은 뜻을 가진 벗

自(자): ～로부터(from), 스스로

方(방): 때마침

樂(락): 기쁨이 밖으로 나타남

人(인): 사람, 타인

知(지): 알아 주다

慍(온): 성냄(慍, 含怒意)

君子(군자): 『논어』에서 사용하는 군자는 ①지위가 높은 사람. ②최고의 인격자(君子, 成德之名)인
　　데 여기에서는 후자를 지칭

배움이란 무엇인가?

공자께서 말씀하셨다.

"배운 뒤에 항상 복습한다면 또한 매우 기쁘지 않겠는가?

뜻을 같이 하는 사람이 있어서 먼 곳으로부터 찾아와 서로 만난다면 또한 즐겁

지 않겠는가?

사람들이 자기의 능력을 알아주지 않아도 노여워하지 않으면 또한 군자가 아

니겠는가?"

◆ **쓰면서 음미하기**

時習

不亦說乎

自遠方來

不亦樂乎

人不知而不慍

不亦君子

曾子曰, "吾日三省吾身,
증 자 왈   오 일 삼 성 오 신

爲人謀而不忠乎?
위 인 모 이 불 충 호

與朋友交而不信乎?
여 붕 우 교 이 불 신 호

傳不習乎?"
전 불 습 호

曾子(증자): 공자의 제자로 이름은 증삼(曾參), 자는 자여(子輿), 공자보다 46세 연하로 노나라 사람

吾(오): 나, 주어로 사용됨

三省(삼성): 일반적 해석은 여러 번 반성하다이지만, 여기서는 세 가지를 반성함을 지칭함

日(일): 날마다, 매일

謀(모): 도모하다, 꾀하다

乎(호): ～일까?(의문의 어조사)

信(신): 믿다, 신뢰하다

傳(전): 전승, 스승이 전수해준 것

마음을 다하고 몸을 다한다

증자가 말하였다.

"나는 날마다 세 가지로 내 몸을 돌이켜 본다. 남을 위해 도모함에 정성스럽게
하지 못한 것은 아닐까?
벗을 사귐에 믿음직스럽게 하지 못한 것은 아닐까?
스승에게 받은 가르침을 반복하여 익히지 못한 것은 아닐까?"

▶ 쓰면서 음미하기

三省吾身
謀而不忠
交而不信
傳不習乎

子曰, "弟子, 入則孝, 出則弟,
자 왈　　제 자　입 즉 효　　출 즉 제

謹而信, 汎愛眾, 而親仁.
근 이 신　범 애 중　이 친 인

行有餘力, 則以學文."
행 유 여 력　즉 이 학 문

弟子(제자): 젊은이, 자제(子弟)
　則(즉): ~하면, 즉(卽)
弟(제): 공경하다(=悌)
謹(근): 일(事)을 삼가다
信(신): 말(言)을 삼가다
汎(범): 널리
眾(중): 뭇사람, 대중
親(친): 가깝게 하다
仁(인): 어진 사람(仁者)
行(행): 품행을 수양하고 예의를 실천함
餘力(여력): 남는 힘
學文(학문): 글을 배운다. 현재의 學問(학문)과는 다른 차원

학문보다는 사람됨이 먼저

공자께서 말씀하셨다.

"제자들이여, 집 안에서는 응당 부모에게 효도하고,

집 밖 향리에서는 응당 윗사람을 존경하며,

일을 할 때는 근신하고,

말을 할 때는 믿음이 있게 하여,

널리 많은 사람을 사랑하되 어진 사람과 가까이해야 한다.

몸소 인덕(仁德)을 실천하고 남은 힘이 있으면 곧 문자를 배워라."

> ● 쓰면서 음미하기

入則孝

出則弟

謹而信

汎愛衆

行有餘力

親仁

子曰, "君子, 食無求飽, 居無求安,
자 왈　군 자　식 무 구 포　거 구 무 안

敏於事而愼於言, 就有道而正焉,
민 어 사 이 신 어 언　취 유 도 이 정 언

可謂好學也已."
가 위 호 학 야 이

無(무): ～하지 말라(=勿)
飽(포): 만족, 배부름
居(거): 살다, 지내다
敏(민): 빠르다, 민첩하다
愼(신): 삼가다
就(취): 나아가다
有道(유도): 도가 있고 재능이 있는 사람
正(정): 바로 잡다
焉(언): 종결의 어조사
可(가): 허락하다, 할 수 있다
謂(위): 말하다
好學(호학): 배우기를 좋아하다. 공자의 중요한 키워드 중 하나

已(이): 따름이다

바른 몸가짐이 배움의 기초

공자께서 말씀하셨다.

"군자는 먹을 때는 욕심껏 배부름을 구하지 않고,

쉴 때는 편안한 자리를 구하려 하지 않고,

일할 때는 민첩하고 말에는 조심하며,

항상 사람의 마땅한 도(道)를 실천하는 사람에게 찾아가서 자신의 잘못을 바로 잡는다면,

배움을 좋아한다고 일컬을 만하다."

▶ 쓰면서 음미하기

食無求飽

居無求安

敏事愼言

就有道正

好學

子曰, "爲政以德,
자왈 　 위정이덕

譬如北辰居其所,
비여북신거기소

而衆星共之."
이중성공지

爲政(위정): 정치를 하다

以(이): ～으로써

德(덕): 인의예지가 실천을 통하여 몸에 드러나는 것

譬如(비여): 비유하면, 예를 들면

北辰(북신): 천구의 북극성, 여기서는 왕을 지칭함

居其所(거기소): 마땅히 있을 별자리에 있는 것

共(공): 두 손을 맞잡고(拱), 둥글게 도는 모습

衆星(중성): 뭇별, 백성을 비유함

지도자의 바른 자세

論語

공자께서 말씀하셨다.

"도덕에 의해 정치를 하는 것은,

비유하자면 북극성은 마땅히 있을 자리에 있지만,

여러 별들이 북극성을 중심으로 마치 두 손을 잡고 고개를 숙이고 선회(旋回)하

는 것과 같다."

孟子

大學

● **쓰면서 음미하기**

爲政以德
北辰居其所
衆星共之

中庸

子曰, "吾十有五而志于學,
자 왈　오 십 유 오 이 지 우 학

三十而立,
삼 십 이 립

四十而不惑,
사 십 이 불 혹

五十而知天命,
오 십 이 지 천 명

六十而耳順,
육 십 이 이 순

七十而從心所欲不踰矩."
칠 십 이 종 심 소 욕 불 유 구

吾(오): 내가 말하는 나로 주격에 사용. 我(아)는 객관적인 나로 목적격에 사용
有(유): 또(又), 그리고, 있다
立(립): 서다, 예(禮)에 입각하여 서다
惑(혹): 의혹, 현혹
知天命(지천명): 천명을 깨달아서 맞서지 않음
耳順(이순): 남의 말을 잘 듣다
從心(종심): 마음에 따르다
踰(유): 넘다
矩(구): 곱자, 직각자, 기역자

공자의 일생

나는 열다섯 살에 학문에 뜻을 두었고,

서른 살에는 우뚝 자립하였고,

마흔 살에는 현혹됨이 없었고,

쉰 살에는 천명을 알았고,

예순 살에는 귀가 순해졌으며,

일흔 살에는 마음이 원하는 바를 따라도 법도에 어긋남이 없었다.

● **쓰면서 음미하기**

志學

而立

不惑

知天命

耳順

從心所欲不踰矩

爲政위정

子曰, "溫故而知新,
자왈   온고이지신

可以爲師矣."
가이위사의

溫(온): 익히다(習), 따듯하다
故(고): 예전의 것, 고전, 역사 등
而(이): 그리고
新(신): 새로이 다가올 것, 미래의 것
可(가): 할 수 있다
以爲(이위): ～라고 생각하다, 여기다
師(사): 스승, 군대, 스승으로 삼다

시간을 넘어서는 지혜

공자께서 말씀하셨다.

"이미 지나간 옛것을 배워서, 그것을 바탕으로 다가올 미래를 추론할 수 있다면, 스승으로 삼을 만하다."

● **쓰면서 음미하기**

溫故知新
可以爲師

子曰, "學而不思則罔,
자 왈   학 이 불 사 즉 망

思而不學則殆."
사 이 불 학 즉 태

而(이): 그러나
罔(망): 무지하다, 혼미하다
殆(태): 위태롭다, 의혹이 있어도 풀리지 않는다

지식과 사고력의 조화가 중요하다

공자께서 말씀하셨다.

"배우기만 하고, 배운 내용을 자기 입장에서 되새겨 생각해보지 않으면 혼미하고, 생각만 하고 그러나 배우지 않으면 위태롭다."

● **쓰면서 음미하기**

學而不思

思而不學

41

子曰, "由, 誨女知之乎.
자왈   유 회여지지호

知之爲知之, 不知爲不知,
지지위지지   부지위부지

是知也!"
시 지 야

由(유): 공자보다 9세 연하의 제자로 변(卞, 현재 山東省 泗水縣) 땅의 출신. 이름은 중유(仲由),
　　　자(字)는 자로(子路), 또는 계로(季路). 사과십철(四科十哲) 중 '정사(政事)'과의 한 사람

誨(회): 가르치다. 인도하다

女(여): 너. 너희들. 汝(여)와 서로 통함

42　知之(지지): 알다. 之(지)는 '그것'이라는 의미의 대명사

무지를 인정하는 용기

공자께서 말씀하셨다.
"유야, 내가 너에게 안다고 하는 것을 가르쳐주겠다.
아는 것을 안다고 하고, 모르는 것을 모른다고 하는 것,
이것이 바로 아는 것이다."

●＞ 쓰면서 음미하기

知之爲知之
不知爲不知
是知也

八佾^{팔일}

子曰, "人而不仁, 如禮何?
자 왈　　인 이 불 인　　여 례 하

人而不仁, 如樂何?"
인 이 불 인　　여 악 하

而(이): 만약(若)
仁(인): 사랑의 원리(愛之理), 마음의 실천 근거(心之德)
不仁(불인): 무감각하고 남을 배려할 줄 모르는 상태
禮(예): 인간 사이의 질서의 원리, 사회가 요구하는 몸짓
樂(악): 의례의 음악, 사회 조화의 원리
如何(여하): 하여(何如)와 같음. 어찌 할 것인가

사람됨이 근본이다

공자께서 말씀하셨다.
"사람으로서 만약 남에 대한 배려심이 없다면,
예(禮)를 배운들 무슨 소용이 있을 것이며,
사람으로서 만약 배려심이 없다면,
음악을 배운들 어디에 사용할 것인가?"

🔖 쓰면서 음미하기

人而不仁
如禮何
如樂何

定公問,
정 공 문

"君使臣, 臣事君, 如之何?"
군 사 신　　신 사 군　　여 지 하

孔子對曰,
공 자 대 왈

"君使臣以禮, 臣事君以忠."
군 사 신 이 례　　신 사 군 이 충

定公(정공): 노나라 군주(재위, 기원전 509～기원전 495), 이름은 송(宋), 정(定)은 시호. 소공(昭公)
　　의 동생으로, 소공을 이어 즉위함. 공자 43세～57세 사이에 재위하였는데, 공자가 대사구의 지
　　위에 오른 것도 이때이지만, 개혁이 실패하면서 공자는 유랑을 떠남

如之何(여지하): 어떻게 합니까? 여하(如何) 또는 하여(何如) 사이에 어조사 지(之)가 들어가 있는
　　상태

禮(예): 사회를 지배하는 도덕질서. 도덕규범

忠(충): 충은 본래 계급 관계의 충성. 복종의 개념이 아니고, 타인에 대한 정성이나 성실의 개념

윗사람이 먼저 예의를 갖추어야 한다

정공이 물었다.

"임금이 신하를 부리고,

신하가 임금을 섬김에 어찌하면 좋겠습니까?"

공자께서 대답하여 말씀하셨다.

"임금은 신하를 부리기를 예(禮)로써 하고,

신하는 임금을 섬기기를 충(忠)으로써 해야 합니다."

쓰면서 음미하기

君使臣

臣事君

君使臣以禮

臣事君以忠

里仁이인

子曰, "富與貴, 是人之所欲也.
자왈 부여귀 시인지소욕야

不以其道得之, 不處也.
불이기도득지 불처야

貧與賤, 是人之所惡也.
빈여천 시인지소오야

不以其道, 得之, 不去也.
불이기도 득지 불거야

君子去仁, 惡乎成名?
군자거인 오호성명

君子無終食之間違仁,
군자무종식지간위인

造次必於是, 顚沛必於是."
조차필어시 전폐필어시

돈을 대하는 태도

공자께서 말씀하셨다.

"경제적인 부유함과 신분의 높음은 사람들이 다 원하는 것이다.

그러나 인의의 도(道)로 얻은 것이 아니라면 그것에 처하지 않는다.

가난함과 비천함은 누구나 다 싫어하는 것이다.

그러나 그것이 비록 인의의 도(道)로 얻은 것이 아니라 할지라도,

부당한 방법으로 벗어나려고 노력하지는 않는다.

군자가 인함에서 벗어나 있다면 어떻게 영예로운 이름을 이룰 수 있겠는가?

군자는 한 끼니를 마칠 짧은 시간에도 인을 어기는 적이 없고,

황급한 때에도 반드시 인을 떠나지 않고,

좌절과 낭패 속에서도 반드시 인에 처할 따름이다."

道(도): 인의(仁義)의 도
惡(오): 미워하다
惡乎(오호): 어찌(何), 어느 곳
成名(성명): 명예로운 이름을 이루다
終食之間(종식지간): 한 끼의 식사를 마치는 짧은 시간
違(위): 어기다
造次(조차): 갑자기 예기치 못한 일이 벌어져서 황급한 때
造(조): 갑자기
次(차): 머뭇거리다
顚沛(전패): 몸이 굳어 넘어질 때
顚(전): 넘어지다
沛(패): 늪

孟子

大學

中庸

● 쓰면서 음미하기

人之所欲
不以其道得之
人之所惡

君子去仁
惡乎成名

終食之間

造次必於是
顚沛必於是

里仁이인

子曰, "朝聞道, 夕死可矣."
자왈 조문도 석사가의

子曰, "志士仁人,
자왈 지사인인

無求生以害仁,
무구생이해인

有殺身以成仁."
유살신이성인

聞(문): 듣다. 깨우치다
道(도): 우주를 움직이는 원리. 사람의 바른 도리
朝(조) · 夕(석): 짧은 시간의 경과를 뜻함
可(가): 가능하다. 괜찮다
志士(지사): 의로운 사람. 도덕적 신념으로 죽음을 두려워 하지 않는 사람
仁人(인인): 배려할 줄 아는 사람. 남의 아픔을 자신의 아픔으로 여기는 사람

진리를 깨달으면 죽어도 좋다

공자께서 말씀하셨다.

"아침에 우주를 움직이는 원리인 도를 깨우칠 수만 있다면, 저녁에 죽는다 하여도 여한이 없다."

공자께서 말씀하셨다.

"지사(志士)와 인인(仁人)은 구차히 삶을 구하기 위하여 인(仁)을 해침이 없고, 그 몸을 죽여서 인(仁)을 이루려고 한다."

● 쓰면서 음미하기

朝聞道
夕死可矣
殺身成仁

子曰, "參乎! 吾道一以貫之."
자왈 삼호 오도일이관지

曾子曰, "唯."
증자왈 유

子出, 門人問曰, "何謂也?"
자출 문인문왈 하위야

曾子曰, "夫子之道, 忠恕而已矣."
증자왈 부자지도 충서이이의

參(삼): 증자(曾子, 기원전 505년~기원전 435년)의 이름. 공자의 제자

乎(호): 감탄의 어조사

以(이): ~가지고, ~로써

貫之(관지): 꿰뚫다

唯(유): 오직, 네(대답하는 말)

門人(문인): 공자의 제자

夫子(부자): 선생님

忠(충): 자기의 마음과 능력을 다하는 것(盡己之謂忠)

恕(서): 자신을 미루어 남을 이해하는 것(推己之謂恕), 용서하다

而已矣(이이의): ~일 뿐이다

공자가 추구했던 좋은 삶

공자께서 말씀하셨다.

"증삼아! 나의 도(道)는 하나로 모든 것을 꿰뚫고 있다."

증자가 대답하였다.

"네 그렇습니다"

공자께서 나가시자, (증자의) 문인들이 물었다.

"무슨 의미입니까?"

증자가 대답하길, "선생님이 중요시하는 사람의 도는 정성스러움(忠)과 배려(恕)

일 따름이라네."

▶ **쓰면서 음미하기**

一以貫之
夫子之道
忠恕

子貢曰, "夫子之文章,
자 공 왈　　부 자 지 문 장

可得而聞也.
가 득 이 문 야

夫子之言性與天道,
부 자 지 언 성 여 천 도

不可得而聞也."
불 가 득 이 문 야

子貢(자공, 기원전 520년경~기원전 456년경) : 공자의 제자로 위(衛)나라 사람. 이름은 사(賜), 외교와
　　치재(治財)에 뛰어남
文章(문장): 문헌 전적, 육적(六籍), 예(禮), 악(樂) 등 넓은 의미의 빛나는 문물
可得(가득): 얻을 수 있다
性(성): 태어날 때부터 가지고 있는 인간적 성향, 인성, 천성이라고도 함
與(여): ~과(와)
天道(천도): 우주 만물을 움직이는 원리, 하늘의 도

공자의 제자 교육

자공이 말하였다.

"선생님의 위엄 있는 언행과 글은 접하여 이해할 수 있으나,

선생님의 인성(人性)과 천도(天道)에 관한 말씀은 접해도 이해할 수 없었다."

✎ 쓰면서 음미하기

夫子之文章

可得而聞也

性與天道

不可得而聞也

子曰, "巧言, 令色, 足恭,

자 왈　교 언　영 색　주 공

左丘明恥之, 丘亦恥之.

좌 구 명 치 지　구 역 치 지

匿怨而友其人,

익 원 이 우 기 인

左丘明恥之, 丘亦恥之."

좌 구 명 치 지　구 역 치 지

巧言(교언): 듣기 좋게 꾸며대는 말

令色(영색): 꾸민 얼굴빛

足(주): 지나치다. 참조: 발 족

足恭(주공): 지나친 공손함

左丘明(좌구명): 춘추시대 노(魯)나라 역사가(기원전 556~기원전 451)로 좌구는 성. 이름은 명.

　　　『춘추좌씨전』과 『국어』의 저자.

丘(구): 공자의 이름

恥(치): 부끄러워하다

匿怨(익원): 싫은 감정을 숨기다

58　우(友): 친하게 사귀다

본질을 파악하는 안목을 길러라

공자께서 말씀하셨다.

"번지르르한 말, 꾸민 얼굴빛, 지나친 공손, 이것들을 옛날 좌구명이 부끄럽게 여겼는데, 나도 역시 이를 부끄럽게 여긴다. 마음속의 싫어하는 감정을 감추고 그 사람과 친하게 교제하는 것을 좌구명이 부끄럽게 여겼는데, 나도 역시 이를 부끄럽게 여긴다."

● **쓰면서 음미하기**

巧言

令色

足恭

丘亦恥之

匿怨而友其人

左丘明恥之

子曰, "質勝文則野,
자 왈 질 승 문 즉 야

文勝質則史.
문 승 질 즉 사

文質彬彬, 然後君子."
문 질 빈 빈 연 후 군 자

質(질): 본바탕, 내면, 꾸미지 않은 그대로의 성질, 소박함

勝(승): 이기다. 낫다

文(문): 겉으로 드러난 모습, 외면, 꾸밈, 장식, 세련됨

野(야): 가공되지 않은 투박함, 촌스러움, 수수함

史(사): 허영되고 부화하나 실속이 없음, 닳아빠지고 번지르르한 교양미, 견문이 넓고 일이 능숙하
   지만 불성실함

彬(빈): 빛나다. 빈빈(彬彬)은 외면과 내면이 어울려 훌륭한 모습

然後(연후): 그런 이후(而後). 비로소

세련됨과 소박함의 조화

공자께서 말씀하셨다.

"천부적인 소박함(質)이 인위적 꾸밈(文)을 능가하면 촌스럽고(野) 고지식하며,
세련된 꾸밈(文)이 소박한 본바탕(質)을 능가하면 일은 익숙하게 잘하지만 성실
하지 못하니(史), 자연스러움과 꾸밈이 함께 잘 조화를 이루어야 비로소 이상적
인 군자의 모습이 된다."

● 쓰면서 음미하기

質勝文則野
文勝質則史
文質彬彬
君子

子曰, "知之者不如好之者,
자 왈   지 지 자 불 여 호 지 자

好之者不如樂之者."
호 지 자 불 여 락 지 자

知(지): 알다
者(자): ~하는 것, ~하는 사람, ~하는 일
不如(불여): A不如B는 'A는 B만 같지 못하다'로 풀이함
好(호): 좋아하다
樂(락): 즐기다

배움은 즐거움이다

공자께서 말씀하셨다.
"배움의 과정에 있어서 무엇을 안다고 하는 것은,
그 무엇을 좋아하는 것만 같지 못하고,
무엇을 좋아한다는 것은,
무엇을 즐기는 것만 같지 못하다."

○ 쓰면서 음미하기

知之者
好之者
樂之者

63

子曰, "君子博學於文,
자 왈　　군 자 박 학 어 문

約之以禮,
약 지 이 례

亦可以弗畔矣夫!"
역 가 이 불 반 의 부

博(박): 넓히다
文(문): 인간이 배울 교양의 세계
約(약): 요약하다. 한 곳으로 모으다
禮(예): 천지의 질서. 사회적 규범. 주제 의식
畔(반): 어긋나다(=叛)
矣夫(의부): 어조사. ~이겠지

학문하는 방법

공자께서 말씀하셨다.

"군자는 광범위하게 문화 지식을 학습(學習)하여야 하고, 아울러 수양(修養)할 때는 반드시 예(禮)에 맞추어 자신을 규제하여야 한다. 그렇게 하면 도(道)에 어긋나지 않을 것이다."

🖊 **쓰면서 음미하기**

博學於文

約之以禮

博文約禮

子曰, "述而不作, 信而好古,
자왈 술이부작 신이호고

竊比於我老彭."
절비어아노팽

子曰, "蓋有不知而作之者, 我無是也.
자왈 개유부지이작지자 아무시야

多聞, 擇其善者而從之,
다문 택기선자이종지

多見而識之, 知之次也."
다견이식지 지지차야

述(술): 옛것을 전승하여 기술함
傳述(전술): 전승하여 기술함
作(작): 창작(創作), 창시(創始), 새로 만듦
信(신):신험하다, 옛것을 믿고 근거로 사용할 수 있는지를 자료를 통해 검증하다
古(고): 옛일, 옛것
竊(절): 은밀하게, 몰래
比(비): 비교하다
於(어): ~에, ~를
老彭(노팽): 은(殷)의 현명한 대부(大夫), 고사(古事)를 잘 전술했음
蓋(개) : 대개, 덮다
作之(작지) : 지어내다
多聞(다문): 많이 듣다
多見(다견): 많이 보다
識(식): 알다, 기록하다(지)
知之次(지지차) : 앎의 순서(방법)

전승을 통하여 창조가 이루어짐

공자께서 말씀하셨다.

"전승받은 것을 그대로 기술하였지만 새로 창작하지는 않았다. 나는 선인(先人)의 문화를 신험하였고 좋아하였다.

나를 은밀히 노팽(老彭) 선생에게 견주어본다."

공자께서 말씀하셨다.

"대개 그렇게 된 이유를 소상하게 알지도 못하면서 (함부로) 지어내는 경우가 많다.

나에게 그런 삶의 태도가 전혀 없다.

항상 충분히 듣고 그 좋은 점을 선택하여 존중하고,

충분히 보고 그것을 이해한다.

이것이야말로 앎의 올바른 순서이다."

● 쓰면서 음미하기

述而不作

信而好古

多聞 擇其善者

多見而識之

知之次

述而 술이

子曰, "德之不修,
자왈 덕 지 불 수

學之不講,
학 지 불 강

聞義不能徙,
문 의 불 능 사

不善不能改,
불 선 불 능 개

是吾憂也."
시 오 우 야

德(덕): 인의예지(仁義禮智)가 몸에 드러나는 것
修(수): 힘써 닦다, 수련하다
講(강): 학습하다, 익히다
徙(사): 실천하다, 옮아가다
改(개): 고치다

憂(우): 근심, 우환, 걱정, 근심하다

공자의 평소 걱정

공자께서 말씀하셨다.

"덕(德)을 잘 수양하지 못하는 것과, 배운 것을 잘 숙달하지 못하는 것과, 정의를 듣고도 실천하지 못하는 것과, 나에게 옳지 않음이 있는 것을 알고도 고치지 못하는 것, 이것이 평소 나의 삶에서 걱정거리이다."

● **쓰면서 음미하기**

德之不修
學之不講
聞義不能徙
不善不能改
是吾憂也

子曰, "富而可求也,
자 왈   부 이 가 구 야

雖執鞭之士, 吾亦爲之.
수 집 편 지 사   오 역 위 지

如不可求, 從吾所好."
여 불 가 구   종 오 소 호

而(이): 주어와 술어 사이에서 만일, 만약의 의미로 사용. 여(如)와 같음
可(가): ~해야만 함
執(집): 잡다
鞭(편): 채찍
執鞭之士(집편지사): 사(士)의 천한 사람. 마부(馬夫)
如(여): 만약, 같다
從(종): 좇다, 따르다
從吾所好(종오소호): 내가 좋아하는 것을 좇다

자신이 진정 좋아하는 것을 하라

공자께서 말씀하셨다.
"돈을 벌어 부유하게 됨을 만일 내가 추구해서 얻어질 수 있는 것이라면,
비록 채찍을 잡는 천한 일이라도, 내 기꺼이 마다하지 않겠다.
그러나 만약 추구해서 얻어질 수 없는 것일진대,
나는 내가 진정으로 하고 싶은 것을 하리라."

● **쓰면서 음미하기**

富而可求
執鞭之士
吾亦爲之
如不可求
從吾所好

子曰, "飯疏食飲水,
자 왈　　반 소 사 음 수

曲肱而枕之,
곡 굉 이 침 지

樂亦在其中矣.
락 역 재 기 중 의

不義而富且貴,
불 의 이 부 차 귀

於我如浮雲."
어 아 여 부 운

飯(반): 밥 먹다
疏(소): 거칠다
食(사): 밥의 뜻일때, 먹다(식)
疏食(소사): 거친 밥, 최소한의 간단한 식사
飲(음): 마시다
肱(굉): 팔뚝
枕(침): 베개, 베개를 베다
浮雲(부운): 뜬 구름, 덧없다

공자가 생각하는 '좋은 생활'

공자께서 말씀하셨다.
"거친 밥을 먹고 물 마시며, 팔을 굽혀 베개 삼더라도,
나의 즐거움은 이 가운데 있노라.
의롭지 못하게 부유해지고 높은 지위를 얻는 것은,
나에게 뜬구름과 같이 덧없다."

論語

孟子

● 쓰면서 음미하기

飯疏食
飲水
曲肱而枕之
樂在其中
不義而富且貴
如浮雲

大學

中庸

子曰, "三人行,
자 왈   삼 인 행

必有我師焉.
필 유 아 사 언

擇其善者而從之,
택 기 선 자 이 종 지

其不善者而改之."
기 불 선 자 이 개 지

師(사): 스승, 스승으로 삼다
焉(언): ～이다, 종결의 어조사
擇(택): 선택하다
善者(선자): 어진 사람, 훌륭한 사람
從之(종지): 어진 사람의 훌륭한 부분을 따르다
不善者(불선자): 어질지 못한 사람, 훌륭하지 못한 사람
改之(개지): 자신의 어질지 못한 점을 바꾸다

세상 사람이 모두 스승이다

공자께서 말씀하셨다.

"세 사람이 함께 길을 갈 경우, 반드시 내가 스승 삼을 사람이 있기 마련이다. 그 사람 좋은 부분은 가려서 본받고, 나쁜 부분은 제거하여 좋게 개선하도록 한다."

● **쓰면서 음미하기**

三人行
必有我師
擇其善者而從之
其不善者而改之

子曰, "篤信好學, 守死善道.
자 왈 독 신 호 학 수 사 선 도

危邦不入, 亂邦不居.
위 방 불 입 난 방 불 거

天下有道則見, 無道則隱.
천 하 유 도 즉 현 무 도 즉 은

邦有道, 貧且賤焉, 恥也.
방 유 도 빈 차 천 언 치 야

邦無道, 富且貴焉, 恥也."
방 무 도 부 차 귀 언 치 야

篤(독): 독실함. 성실함
守死(수사): 죽을 때까지 지키다
善(선): 착하다. 좋다. 잘하다. 훌륭하다
危(위): 위태롭다
見(현): 세상에 나가 벼슬하다. 現(현)
隱(은): 벼슬에서 물러나 숨다
且(차): 그리고

처신의 원칙

공자께서 말씀하셨다.

"신험하기를 착실하게 하면서 배우기를 좋아하고,

죽음을 각오하고 정도(正道)를 지켜야 한다.

정치가 위태로운 나라에는 들어가지 말고,

위험한 나라에는 거주하지 말고 떠나라.

천하에 정도가 있으면 자신을 드러내 벼슬을 해도 좋으나,

찬하에 정도가 없으면 벼슬에서 물러나 숨어버려라.

나라에 정도가 있을 때는 가난하고 비천하게 사는 것이 치욕이요,

나라에 정도가 없을 때는 부유하고 높은 지위에 있는 것이 치욕이니라."

● **쓰면서 음미하기**

篤信好學　　有道則見

守死善道　　無道則隱

危邦不入　　邦有道

亂邦不居　　邦無道

子罕자한

子在川上曰,
자 재 천 상 왈

"逝者如斯夫,
서 자 여 사 부

不舍晝夜."
불 사 주 야

川上(천상): 냇가

逝(서): 가다. 과거로 사라짐

逝者(서자): 흘러가는 세월

斯(사): 이것. 차(此)와 같음

舍(사): 머무르다, 멈추다

물처럼 유연한 사고

공자께서 개울 다리 위에서 흐르는 물을 내려다보면서 말씀하셨다.
"가는 것이 이와 같구나! 밤낮을 그치지 않는도다!"

● 쓰면서 음미하기

逝者如斯夫
不舍晝夜

子曰, "後生可畏,
자 왈　　후 생 가 외

焉知來者之不如今也?
언 지 래 자 지 불 여 금 야

四十五十而無聞焉,
사 십 오 십 이 무 문 언

斯亦不足畏也已."
사 역 부 족 외 야 이

後生(후생): 후대에 태어난 사람
畏(외): 두려워하다
焉(언): 어찌
來者(래자): 앞으로 올 사람
A不如(불여)B: A는 B만 같지 못하다
聞(문): 널리 알려진 이름. 명성
斯亦(사역): 이 또한
足(족): 족히. 넉넉히
已(이): 따름이다(耳=而已=而已矣)

후배를 두려워하라

공자께서 말씀하셨다.

"젊은 후배들은 두려운 존재이니, 어째 앞으로 올 사람이 오늘의 우리만 못하리라고 하겠는가? 그러나 40, 50세가 되어도 명성이 알려지지 않는다면, 이 또한 두려워할 필요는 없을 따름이다."

● **쓰면서 음미하기**

後生可畏

來者之不如今

四十五十而無聞

不足畏也

鄉黨 향당

廐焚.
구 분

子退朝曰, "傷人乎?"
자 퇴 조 왈　　상 인 호

不問馬.
불 문 마

廐(구): 마구간
焚(분): 타다
退朝(퇴조): 조정(朝廷)에서 퇴청함
傷(상): 다치다
乎(호): 의문 어조사

재물보다는 사람을 귀하게 여김

공자의 집안 마구간이 불이 났다.

공자께서 조정에서 돌아오시어 이를 알고 말씀하셨다.

"사람이 다쳤느냐?"

그리고 말(馬)에 대해서는 묻지 않으셨다.

● **쓰면서 음미하기**

廏焚

退朝

傷人乎

不問馬

季路問事鬼神.
계 로 문 사 귀 신

子曰, "未能事人, 焉能事鬼?"
자 왈　　　미 능 사 인　　언 능 사 귀

曰, "敢問死."
왈　　감 문 사

曰, "未知生, 焉知死?"
왈　　미 지 생　　언 지 사

季路(계로, 기원전 542~480): 공자의 제자로 이름은 중유(仲由), 자는 자로(子路)

鬼神(귀신): 동아시아에서는 사람이 죽으면 기(氣)가 흩어져 귀신이 된다고 하였는데, 초자연적인 신
　　의 세계를 통칭한다. 조상이 죽으면 귀(鬼)가 되고, 그중 많은 사람에게 추앙받는 귀(鬼)를 신(神)
　　이라고 하였다

未能(미능): 아직 ～하지 못하다

事(사): 섬기다

焉(언): 어찌(何)

　敢(감): 감히, 겸양사, 자신이 모르는 것을 다른 사람에게 묻는 경우

사람이 우선이다

계로(季路: 자로)가 귀신(鬼神) 섬기는 일에 대하여 여쭈었다.

이에 공자께서 대답하셨다.

"아직 사람도 제대로 섬기지 못하면서 어찌 귀신을 섬길 수 있단 말인가?"

이에 우직한 계로가 다시 여쭈었다.

"그럼 이번에는 감히 죽음에 대하여 여쭙고자 합니다."

공자께서 말씀하셨다.

"아직 삶도 모르면서 어찌 죽음을 알겠느냐?"

論語

孟子

▶ 쓰면서 음미하기

事鬼神

未能事人

焉能事鬼

敢問死

未知生 焉知死

大學

中庸

子張問善人之道.
자 장 문 선 인 지 도

子曰, "不踐迹,
자 왈 　 　 불 천 적

亦不入於室."
역 불 입 어 실

子張(자장, 기원전 503~?): 공자의 제자로 춘추 말기 진(陳)나라 사람. 본명은 전손사(☒孫師), 이
　　　름은 사(師)

善人(선인): 군자(君子)에 상당하는 사람

도(道): 여기는 행위의 준칙을 말함

踐迹(천적): 발자취를 따르다. 옛 궤적을 따르다. 모방을 하기 위한 반복적인 훈련과 숙달

入於室(입어실): 성인의 경지에 들어감. 창조하게 됨을 비유

모방과 숙달이 창의력의 원천

자장이 선인(善人)이 되는 준칙을 여쭈었다.

공자께서 대답하셨다.

"성인의 발자취를 밟고 따라가는 각고의 노력이 없으면,

또한 저 깊은 성인의 경지에 들어갈 수 없다."

論語

孟子

大學

쓰면서 음미하기

善人之道
不踐迹
不入於室

中庸

顔淵問仁, 子曰, "克己復禮爲仁.
안 연 문 인 자 왈   극 기 복 례 위 인

一日克己復禮, 天下歸仁焉.
일 일 극 기 복 례   천 하 귀 인 언

爲仁由己, 而由人乎哉?"
위 인 유 기   이 유 인 호 재

顔淵曰, "請問其目."
안 연 왈   청 문 기 목

子曰, "非禮勿視, 非禮勿聽,
자 왈   비 례 물 시   비 례 물 청

非禮勿言, 非禮勿動."
비 례 물 언   비 례 물 동

顔淵曰. "回雖不敏, 請事斯語矣."
안 연 왈   회 수 불 민   청 사 사 어 의

인은 얻기 힘들지만 어디에나 있다

안연이 인(仁)을 여쭈었다.

이에 공자께서 대답하셨다.

"자기의 사욕을 제어하고 인간생활의 법칙인 예로 돌아가는 것을 바로 인이라고 한다.

하루만이라도 자기의 사욕을 제어하고 예로 돌아갈 수 있다면, 천하 사람이 모두 인을 실천하게 된다.

인의 덕을 실천하는 것은 전적으로 자신에게 달려 있지, 어찌 남에게 달려 있다고 말할 수 있겠는가?"

안연이 말씀드렸다.

"그 세목을 여쭙겠습니다."

공자께서 말씀하셨다.

"예가 아니면 보지도 말고,

예가 아니면 듣지도 말고,

예가 아니면 말하지도 말고,

예가 아니면 움직이지도 말지어다."

안연이 대답하였다.

"제가 민첩하지 못하지만 이 말씀을 공경되이 따르겠습니다."

克己(극기): 자기의 욕망을 이기다

復禮(복례): 예(질서)로 돌아감

克己復禮(극기복례): 사적인 욕심을 규제하고 예로 돌아감. 약지이례(約之以禮)의 의미

禮(례): 공동체 삶의 문화적 양식으로서의 의례, 질서, 규약

爲仁(위인): 자신의 주관적 노력으로 인덕(仁德)을 수양함

歸(귀): 따르다. 허락하다. 與(여)와 같음

由(유): 말미암다

乎哉(호재): 어조사. 감탄. 반문

勿(물): ~하지 말라

顔淵(안연): 공자의 제자, 이름은 회(回)

敏(민): 민첩하다

請(청): 청하옵건대

克己復禮
爲仁由己
非禮勿視
非禮勿聽
非禮勿言
非禮勿動

論語

孟子

大學

中庸

顔淵안연

仲弓問仁.
중궁문인

子曰, "出門如見大賓,
자왈   출문여견대빈

使民如承大祭.
사민여승대제

己所不欲, 勿施於人.
기소불욕   물시어인

在邦無怨, 在家無怨."
재방무원   재가무원

仲弓曰, "雍雖不敏, 請事斯語矣."
중궁왈   옹수불민   청사사어의

仲弓(중궁, 기원전 522년~?): 공자의 제자. 노(魯)나라 사람. 이름은 염옹(冉雍)
大賓(대빈): 군주에게 찾아온 이웃 나라의 중요한 손님
大祭(대제): 군주의 궁정에서 행해지는 큰 제사
施(시): 베풀다, 주다
邦(방): 제후의 나라
在邦(재방): 제후가 됨. 즉 벼슬하는 신분
無怨(무원): 원망 받음이 없다
家(가): 경대부의 집
在家(재가): 경대부가 됨. 또는 벼슬하지 않는 신분
敏(민): 민첩하다
斯語(사어): 공자의 가르침

나를 미루어 남을 이해하라

중궁이 인(仁)이 무엇인가를 물으니, 공자께서 대답하셨다.
"집 문을 나가면 귀한 손님을 접견하듯이 공경하고,
백성에게 일을 시킬 때는 큰 제사를 받들 듯이 조심해야 한다.
내가 원하지 않는 것은 남에게도 베풀지 말라.
그러면 제후의 나라에서 벼슬을 하여도 원한을 사는 일이 없으며,
대부의 집에서 벼슬을 하여도 원망 받을 일이 없을 것이다."
중궁이 대답하였다.
"제가 민첩하지 못하지만 이 말씀을 공경되이 따르겠습니다."

● **쓰면서 음미하기**

出門如見大賓
使民如承大祭
己所不欲 勿施於人
在邦無怨 在家無怨

顔淵안연

子貢問政.
자 공 문 정

子曰, "足食, 足兵, 民信之矣."
자 왈 족 식 족 병 민 신 지 의

子貢曰, "必不得已而去,
자 공 왈 필 부 득 이 이 거

於斯三者何先?"
어 사 삼 자 하 선

曰, "去兵."
왈 거 병

子貢曰, "必不得已而去,
자 공 왈 필 부 득 이 이 거

於斯二者何先?"
어 사 이 자 하 선

曰, "去食. 自古皆有死, 民無信不立."
왈 거 식 자 고 개 유 사 민 무 신 불 립

정치의 근본은 신뢰다

자공이 정치를 여쭈었다.

이에 공자께서 대답하셨다.

"먹을 것을 풍족하게 하고, 군사력을 풍족하게 하고, 백성들에게 믿음을 주는 것이 곧 정치이다."

자공이 반문하였다.

"어쩔수 없어서 반드시 하나를 버려야 한다면 이 셋 중 무엇을 먼저 버려야 합니까?"

공자께서 대답하셨다.

"병(兵)을 버려라."

자공이 또 반문하였다.

"부득이 하여 반드시 하나를 버려야 한다면 이 둘 중 무엇을 버려야 합니까?"

이에 공자께서 대답하셨다.

"식(食)을 버려라! 예로부터 전쟁이 나서 죽든, 굶어 죽든 인간의 죽음이란 불가 피하게 있어 왔다. 그러나 백성은 믿음이 없으면 설 수가 없다."

子貢(자공): 공자의 제자, 정치가
足(족): 풍족하다, 발
食(식): 식량
兵(병): 군사력
信(신): 백성의 믿음
不得已(부득이): 어쩔 수 없어
于(우): ～에서
何先(하선): 무엇을 먼저
自古(자고): 예로부터

● 쓰면서 음미하기

足食

足兵

民信

不得已

去兵

去食

自古皆有死

民無信不立

子路자로

子曰, "其身正, 不令而行,
자 왈 　 기 신 정 　 불 령 이 행

其身不正, 雖令不從."
기 신 부 정 　 수 령 부 종

子曰, "以不敎民戰,
자 왈 　 이 불 교 민 전

是謂棄之."
시 위 기 지

其身(기신): 다스리는 사람 자신, 몸과 마음을 통합한 총체적 인격
令(령): 법령, 법적 제도적 근거가 있는 정치적 명령
行(행): 모든 일이 수행 됨
雖(수): 비록 ~일지라도
從(종): 따르다
敎(교): 가르침 군사교육
戰(전): 싸우게 하다, 전쟁터에 내보내다
棄(기): 버리다

98

지도자의 자세

공자께서 말씀하셨다.

"다스리는 자의 몸이 바르면, 법령을 발하지 않아도 모든 일이 저절로 행하여
지고,

그 몸이 바르지 못하면 법령을 발하여도 아무도 따르지 않는다."

공자께서 말씀하셔다.

"백성들을 가르치지 않고 전쟁터에 내보내는 것은

백성들을 내다버리는 짓이라 일컫는다."

● **쓰면서 음미하기**

其身正
不令而行
其身不正
雖令不從
以不敎民戰
是謂棄之

子路자로

子曰, "君子和而不同,
자왈   군자화이부동

小人同而不和."
소 인 동 이 불 화

和(화): 조화(調和). 요리할 때 물, 불, 장유, 소금, 식초 등이 알맞게 어우러지는 것. 생산적이고 건설
    적임.

同(동): 뇌동(雷同). 물에 물을 보태거나, 거문고를 켜면서 같은 음만 계속 튕기는 것. 남의 의견에
    무조건 찬동함

和而不同(화이부동): 화합하되 서로의 다름을 인정한다

同而不和(동이불화): 같은 점은 많지만 서로 화합하지 못한다

*부화뇌동(附和雷同): 줏대 없이 맹목적으로 남의 의견을 따른다

군자와 소인의 차이(1)

공자께서 말씀하셨다.

"군자는 사람들과 조화를 이루며 살아가지만 동류로서 휩쓸리지 않는다.

그러나 소인은 사람들과 동류로서 휩쓸리기만 할 뿐 오히려 조화를 이루지 못

한다."

● 쓰면서 음미하기

和而不同

同而不和

附和雷同

子曰, "古之學者爲己,
<small>자왈　　고 지 학 자 위 기</small>

今之學者爲人."
<small>금 지 학 자 위 인</small>

子曰, "邦有道, 危言危行,
<small>자왈　　방 유 도　위 언 위 행</small>

邦無道, 危行言孫."
<small>방 · 무 · 도　위 행 언 손</small>

學者(학자): 배우는 사람

己(기): 자기 자신

人(인): 남, 타인

爲己(위기): 자기 내면에 덕성을 쌓기 위한 공부(爲己之學)

爲人(위인): 남에게 보이기 위한 공부(爲人之學)

邦(방): 나라

危(위): 높고 험하다, 바르다(正)

危言(위언): 말을 높게 하다

危行(위행): 행동을 높게하다

孫(손): 낮고 순하다, 겸손 하다(遜)

자신을 위한 공부와 처신

공자께서 말씀하셨다.

"옛날에 배우는 사람들은 자신을 수양하고 충실하게 하기 위하여 배웠고, 지금 배우는 사람들은 다른 사람에게 과시하기 위하여 배운다."

공자께서 말씀하셨다.

"나라에 도(道)가 있어 잘 다스려 질 때는 (바른) 말을 높게 하고 행동도 높게 해야 한다. 그러나 나라에 도(道)가 없어 혼란스러울 때는 행동은 높게 해야 하지만 말은 겸손하게 해야 한다."

● **쓰면서 음미하기**

古之學者爲己
今之學者爲人
危言危行
危行言孫

子曰, "莫我知也夫!"
자왈   막 아 지 야 부

子貢曰, "何爲其莫知子也?"
자공왈   하 위 기 막 지 자 야

子曰, "不怨天, 不尤人,
자왈   불 원 천   불 우 인

下學而上達, 知我者, 其天乎?"
하 학 이 상 달 지 아 자 기 천 호

莫我知(막아지): 즉 '莫知我(막지아)'가 도치된 것
의미는 아무도 나를 이해해 주지 않는다.
夫(부): ~이구나! 감탄의 종결사
子(자): 선생님, 공자
怨(원): 원망하다
尤(우): 탓하다
下學(하학): 가깝고 평범한 일상 속에서의 배움
上達(상달): 위로 하늘에 통함, 하늘의 이치를 알게 됨

하학상달의 원리

공자께서 말씀하셨다.
"나를 알아주는 사람이 없구나!"
이에 자공(子貢)이 여쭈었다.
"어찌하여 선생님을 알아주는 사람이 없는 것입니까?"
공자께서 말씀하였다.
"나는 하늘을 원망하지 않는다. 나는 사람을 탓하지 않는다.
나는 비천한 데서 배워, 지고의 경지까지 이르렀노라.
나를 아는 이는 저 하느님이실 것이로다."

◑ 쓰면서 음미하기

不怨天
不尤人
下學而上達
知我者 其天乎

子曰, "志士仁人,
자 왈　　지 사 인 인

無求生以害仁, 有殺身以成仁."
부 구 생 이 해 인　유 살 신 이 성 인

子曰, "衆惡之, 必察焉.
자 왈　　중 오 지　필 찰 언

衆好之, 必察焉."
중 호 지　필 찰 언

志士(지사): 의로운 사람
仁人(인인): 도덕적인 사람
求生(구생): 살기 위하여
殺身(살신): 몸을 죽여서
衆(중): 여러, 대중
惡(오): 증오하다
察(찰): 살피다, 자세히 관찰하다
好(호): 사랑하다

군자는 무엇을 하는가

공자께서 말씀하셨다.

"지사(志士)와 인인(仁人)은 구차히 삶을 구하여 인(仁)을 해치는 일이 없고, 자신의 몸을 희생하여 인(仁)을 이룸이 있다."

공자께서 말씀하셨다.

"대중이 모두 한 사람을 증오한다 하여도 반드시 그 사람을 신중히 살필 것이며, 대중이 모두 한 사람을 사랑한다 하여도 반드시 그 사람을 신중히 살필 것이다."

● 쓰면서 음미하기

無求生以害仁

有殺身以成仁

衆惡之

衆好之

必察焉

子曰, "躬自厚, 而薄責於人,
자 왈　　　궁 자 후　　　이 박 책 어 인

則遠怨矣."
즉 원 원 의

子曰, "君子求諸己,
자 왈　　　군 자 구 저 기

小人求諸人."
소 인 구 저 인

躬(궁): 몸, 자신
躬自(궁자): 스스로 자신에 대하여
厚(후): 두텁다
薄責(박책): 가볍게 책망하다
怨(원): 원망하다
諸(저): ～에게서(之於), 모두, 여러(諸)

군자와 소인의 차이(2)

공자께서 말씀하셨다.

"스스로 자기를 책망하기를 후하게 하고, 남을 책망하기를 박하게 하면 원망으로부터 멀어질 것이다."

공자께서 말씀하셨다.

"군자는 (책임을) 자기에게 구하고, 소인은 (책임을) 남에게서 구한다."

● ▶ 쓰면서 음미하기

躬自厚

薄責於人

君子求諸己

小人求諸人

孔子曰, "益者三友, 損者三友.
공 자 왈　익 자 삼 우　손 자 삼 우

友直, 友諒, 友多聞, 益矣.
우 직　우 량　우 다 문　익 의

友便辟, 友善柔, 友便佞, 損矣."
우 편 벽　우 선 유　우 편 녕　손 의

益(익): 보태다, 유익하다

損(손): 깎아내리다, 손해보다

直(직): 곧고 바르다

諒(량): 진실하다

多聞(다문): 견문이 넓고 도리에 밝다. 박학다식(博學多識)

便辟(편벽): 편한 쪽으로 피하다

善柔(선유): 남 앞에서 좋고 부드럽게만 대하다

便佞(편녕): 편의에 따른 말재주만 있음

도움이 되는 친구

공자께서 말씀하셨다.

"유익한 친구가 세 종류 있고, 손해보는 친구가 세 종류 있다. 강직한 사람을 벗하고, 성실한 사람을 벗하고, 박학다식한 사람과 벗하면 나에게 유익하다. 어려운 것을 피하기만 하는 얌체를 벗하고, 부드럽고 좋은 말만 골라하는 호인과 벗하고, 편의에 따라 번지르르한 말만 하는 아첨꾼을 벗하면 손해를 본다."

○ 쓰면서 음미하기

益者三友
損者三友

友直
友諒
友多聞
友便辟
友善柔
友便佞

孔子曰, "生而知之者, 上也.
공 자 왈   생 이 지 지 자   상 야

學而知之者, 次也.
학 이 지 지 자   차 야

困而學之, 又其次也.
곤 이 학 지   우 기 차 야

困而不學, 民斯爲下矣."
곤 이 불 학   민 사 위 하 의

生而知之(생이지지): 태어나면서 알다, 선천적인 지식
學而知之(학이지지): 배워서 알다
困而學之(곤이학지): 곤란을 격고 배우다, 후천적인 노력
困而不學(곤이불학): 곤란을 겪으면서도 배우지 않음
112   爲(위): 삼다, 여기다

선천적 능력과 후천적 노력

論語

공자께서 말씀하셨다.

"태어나면서부터 지성이 풍부한 사람이 최상의 인간이고,

배워서 지성을 갖추는 사람이 그 다음의 인간이고,

(처음에는 학문에 뜻을 두고 있지 않았지만) 생활의 곤란을 겪고 나서야 비로소 배우는 사람이 그 다음의 인간이며,

생활에 곤란을 겪고도 배우지 않는 사람은

인간으로서 최하위의 인간이 된다."

孟子

▶ 쓰면서 음미하기

大學

生而知之　　困而學之

生知　　　　困知

學而知之　　困而不學

學知

中庸

子曰, "性相近也, 習相遠也."
자 왈　　　성 상 근 야　　　습 상 원 야

子曰, "有教無類."
자 왈　　　유 교 무 류

性(성): 본성(本性), 인간다운 성향, 천성(天性)
相(상): 서로
近(근): 가깝다, 비슷하다
習(습): 습관, 학습
遠(원): 멀다, 다르다
教(교): 가르침, 가르치다
類(류): 차별, 종류, 분류

타고난 것일까, 아니면 노력일까

공자께서 말씀하셨다.

"태어나면서 선천적인 사람다운 성향은 서로 비슷하지만,

후천적 학습에 의한 품행이나 지력은 서로 거리가 멀어지게 된다."

공자께서 말씀하셨다.

"오직 가르침만 있을 뿐, 차별은 있을 수 없다."

論語

孟子

大學

✏️ 쓰면서 음미하기

性相近
習相遠
有敎無類

中庸

子曰, "小子, 何莫學夫詩?
자 왈   소 자   하 막 학 부 시

詩, 可以興, 可以觀, 可以群,
시   가 이 흥   가 이 관   가 이 군

可以怨.
가 이 원

邇之事父, 遠之事君.
이 지 사 부   원 지 사 군

多識於鳥獸草木之名."
다 식 어 조 수 초 목 지 명

小子(소자): 어린 제자(弟子) 그룹
莫(막): 없다, 아니다
興(흥): 인간의 감정을 흥기시킴
觀(관): 사회를 관찰함
群(군): 사람들과 교제, 왕래하며 무리를 지음
怨(원): 원망함
邇(이): 가깝다(近)
鳥獸(조수): 새와 짐승
草木(초목): 풀과 나무

시를 배우는 이유

공자께서 말씀하셨다.

"애들아! 너희들은 어찌하여 시(詩)를 배우지 않느냐?

시는 사람의 감정을 흥기시키며(興), 사물과 역사를 관찰하게 하며(觀), 사람들과 서로 교제할 수 있게 하며(群), 나의 슬픔과 원망을 나타낼 수 있게 한다(怨).

가깝게는 부모를 섬길 수 있게 하고, 멀리는 임금을 섬길 수 있게 한다. 아울러 새와 짐승, 풀과 나무의 이름을 많이 알게 한다."

✏️ 쓰면서 음미하기

學詩　　可以怨
可以興　邇之事父
可以觀　遠之事君
可以群　鳥獸草木之名

117

周公謂魯公曰,
주 공 위 노 공 왈,

"君子不施其親,
군 자 불 이 기 친,

不使大臣怨乎不以.
불 사 대 신 원 호 불 이.

故舊無大故, 則不棄也.
고 구 무 대 고   즉 불 기 야.

無求備於一人."
무 구 비 어 일 인

周公(주공): 주공 단(旦). 주나라 무왕의 동생
魯公(노공): 주공의 아들 백금(伯禽). 노나라에 봉(封)해져서 노공이라 부름
施(이): 버리다(弛), 소원하다. 참조: 베풀 시(施)
其親(기친): 부계(父系)의 친족
故舊(고구): 오랜 친구
以(이): 쓰다, 임용(任用)

118

위정자의 처세술

주공(周公)이 노공(魯公)으로 부임해 가는 자기 아들 백금(伯禽)에게 타일러 말하였다.

"군자는 그 가까운 친족을 버리지 아니한다.

그리고 대신(大臣)들로 하여금 자기들의 생각이 채용되지 않는다고 원망하지 않도록 그들에게 관심을 보여라.

오랜 친구는 큰 잘못이 없는 한 함부로 버리지 말라.

그리고 한 사람에게 완벽하기를 요구하지 말라."

● 쓰면서 음미하기

君子不施其親

不使大臣怨乎不以

故舊無大故 則不棄

無求備於一人

子夏曰, "君子有三變,
자 하 왈 　 군 자 유 삼 변

望之儼然,
망 지 엄 연

卽之也溫,
즉 지 야 온

聽其言也厲."
청 기 언 야 려

子夏(자하, 기원전 507년~기원전 420년?): 공자의 제자로 위(衛)나라 사람. 본명은 복상(卜商). 자
　　하(子夏)는 자이다

望之(망지): 멀리서 바라봄

儼然(엄연): 엄숙, 단정, 의연한 모양

卽之(즉지): 가까이 다가감

溫(온): 따뜻함

厲(려): 명확함

인격의 다양성

자하가 말하였다.

"군자에게는 항상 세 가지 다양한 모습이 있다.

멀리서 바라보면 엄숙하고 단정하게 보인다.

가까이 다가가면 온화하여 따사로움이 느껴진다.

그의 말을 들어보면 확실하고 명철하다."

▶ **쓰면서 음미하기**

三變

望之儼然

卽之也溫

聽其言也厲

子曰, "不知命, 無以爲君子也,
자왈　　　　부 지 명　　　　무 이 위 군 자 야

不知禮, 無以立也,
부 지 례　　　무 이 립 야

不知言, 無以知人也."
부 지 언　　　무 이 지 인 야

不知命(부지명): 천명(天命)을 알지 못하다
以爲(이위): ～여기다, 생각하다
不知禮(부지례): 예를 알지 못하다
不知言(부지언): 말을 알지 못하다

군자의 조건

공자께서 말씀하셨다.

"천명을 깨닫지 못하면 군자가 될 자격이 없고,

예를 터득하지 못하면 입신하는 데 의지할 것이 없고,

언어를 판단하여 알지 못하면 남을 이해할 토대가 없다."

● **쓰면서 음미하기**

不知命

無以爲君子也

不知禮

不知言

논어 참고문헌

성백효 역주, 『논어집주』, 전통문화연구회, 1990.

김용옥, 『논어 한글역주1~3』, 통나무, 2011.

김용옥, 『도올 만화논어1~5』, 통나무, 2013.

미야자키 이치사다 해석, 박영철 옮김, 『논어』, 이산, 2011.

박성규, 『논어집주-주자와 제자들의 토론』, 소나무, 2011.

시라카와 시즈카 지음, 장원철 옮김, 『사람의 마음을 움직여 세상을 바꾸리라』, 한길사, 2004.

이을호 역, 『한글논어』, 동양문헌학회, 2012.

吉川幸次郞, 『論語(上下)』, 朝日新聞社, 1996.

子安宣邦, 『思想史家が読む論語』, 岩波書店, 2010.

唐文治, 『四書大義(論語大義)』, 上海人民出版社, 2018.

孫欽善, 『論語本解』, 三聯書店, 2013.

楊浩, 『朱子〈四書章句集注〉的解釋與建構』, 東方出版中心, 2014.

王文格 編著, 『四書語言分析』, 四川大學出版社, 2009.

張世筠, 『〈論語〉中的 養生 智惠』, 人民衛生出版社, 2014.

2

맹자 孟子
산책

중국 현재 지도에서 전국칠웅의 위치

전국칠웅의 상세위치

맹자묘 입구와 측백나무

맹자孟子 산책

맹자孟子의 이름은 가軻이고, 자字는 자거子車, 또는 자여子輿로 전국시기 추鄒나라 사람이다. 맹자의 생몰년은 불분명한데 대략 기원전 372년에서 기원전 289년으로 추정되고 있다.* 그는 유가儒家 학파의 중요한 대표 인물로, 후세에서는 '아성亞聖'으로 불려졌다. 『사기史記』의 「맹자, 순경열전」에 의하면 맹자는 공자의 손자인 자사子思의 문인에게서 수업을 받았다고 한다. 그는 공자처럼 일찍이 여러 나라를 돌아다니면서 군주를 향하여 유가사상을 설명하였다. 그 당시 맹자가 돌아다녔던 국가들은, 제齊 (위왕威王 때) → 송宋(왕언王偃 때) → 추鄒(목공穆公 때) → 노魯(평공平公 때) → 등藤(문공文公 때) → 위魏(양혜왕梁惠王과 양양왕梁讓王 때) → 제齊(선왕宣王 때) 등이다. 맹자는 주유周遊하는 중 그를 기용해주는 제후를 끝까지 만나지 못하고, 공자의 전례를 따라서 고향집으로 돌아가서 제자들과 함께 『맹자』 7편을 저술하였다.

『맹자』는 양한兩漢시기 이래 유가儒家에서는 『논어』 다음으로 존중 받는 경서經書이다. 이 책은 전국 시기, 만년의 맹자가 정계에서 은퇴한

---

* 청대 말기 『전국기년戰國紀年』을 지은 임춘부林春溥의 「孟子時事年表」에 의거함.

뒤, 한편으로는 그의 제자 공손추公孫丑, 만장萬章 등과 학술적 대화와 토론을 하고, 또 한편으로는 자신의 의견을 스스로 서술하면서 편집한 것이다. 기원전 4세기~3세기 즈음의 중국에서는 아직 사상가가 자신의 의견을 책으로 써서 발표하는 관행은 없었다. 따라서 맹자의 의견과 제자들의 대담 내용을 후세 제자들이 기억에 의거하여 죽간竹簡 등에 정리한 것이 후세에 책으로 편집되었을 것이다.

『맹자』는 전체가 7편篇 14권券으로 구성되었다. 각 편은 상하권으로 이루어진다. 제1권과 제2권의 「양혜왕 상·하」부터 제3권과 제4권의 「공손추 상·하」, 그 위에 제5권과 제6권의 「등문공 상·하」까지는 비교적 제자들이 알고 있는 맹자의 후반생後半生의 전기적 내용에 따라서 맹자의 말과 대화를 역사적 순서로 배열한 것이라고 할 수 있다. 반면에 후반부의 제7권과 제8권의 「이루離婁 상·하」, 제9권과 제10권의 「만장 상·하」, 제11권과 제12권의 「고자告子 상·하」, 제13권·제14권의 「진심盡心 상·하」 등은 역사적으로 언제 이루어졌는지 불분명하여 대화 및 맹자의 말을 무질서하게 배열한 듯하다.

맹자는 공자의 학문을 계승한다는 입장에서 '인의론仁義論'을 주창하였다. 인仁과 의義는 자연(天)에 근본을 두는 것으로, 인간에게는 하늘이 부여한 인간다움인 '성性'이 갖추어져 있다고 하였다. 남의 어려움을 측은惻隱하게 여기는 마음과 자신의 잘못을 뉘우치고 남의 잘못을 미워하는 수오羞惡의 마음이 인의의 단서라고 하였다. 이런 인의仁義에 바탕을 두고 세상을 위로하고 백성을 편안하게 하는 정치를 그는 왕도정치王道政治라고 하였다. 맹자는 전국의 제후들에게 자신의 이상정치를 설명하면서, 이단을 물리치고, 천작天爵을 귀하게 여기고, 왕자王者를 존중하고, 패자霸者를 천하게 여기며, 사악함을 제거하고, 음탕함을 추방하고, 요순堯舜을 본받을 것을 강조하였다. 그러나 제후들에게 받아들여지지 않자 고향인 추땅으로 돌아와서 "인성人性의 선함이여, 물이 아래쪽으로 흘러가는 것과 같구나.人性之善也, 猶水之就下也"라는 '성선性善'을 주장하였다. 모든 사람의 천성은 선량하기 때문에 어떤 사람도 타고난 인간다움을 훼손할 수 없다고 하였다. 맹자의 성선설은 뒷날 송대宋代의 주자朱子에게 계승되어 동아시아 세계에 널리 확산되었다. 인간의 타고난 성향을 '인의예지'의 사덕四德으로 보았는데, 그 단서는 곤경에 빠진 사람을 불쌍하게 여기는 마음인 측은지심惻隱之心, 자신의 잘못을 부끄러워하고 남의 잘못을 미워하는 마음인 수오지심羞惡之心, 사양하는 마음인 사양지심辭讓之心, 옳고 그름을 가리는 시비지심是非之心이라고 하였다.

이러한 사단四端의 기초 위에 한나라의 동중서董仲舒가 '신信'을 보태어서 '인·의·예·지·신'을 제시하였고, 뒷날 사람들이 '오상五常'이라고 일컫게 되었다. 주자는 이것을 삼강오상三綱五常으로 정리하였고, 이후 '오상'은 윤리적 가치체계의 핵심 요소로 자리 잡았다.

맹자의 삶에 대해서는 자세히 알려져 있지 않다. 다만 전해오는 이야기에 따르면 맹자는 어버지를 3세에 여의고, 자식 교육에 심혈을 기울인 엄한 어머니 장仉씨 밑에서 자랐다고 한다. 『열녀전』과 『한시외전』 등에는 맹자 어머니에 초점을 맞춘 이야기들이 전해진다. 맹자 어머니가 세 번 이사하였다는 '맹모삼천孟母三遷', 어린 맹자에게 거짓말을 할 수 없어서 어려운 살림에 동쪽 집의 돼지고기를 사다가 먹였다는 '매동가돈육買東家豚肉', 노나라에서 공부하던 맹자가 공부를 중단하고 돌아오자 짜고 있던 천을 칼로 끊었다는 '맹모단기孟母斷機', 맹자가 부인과 이혼위기를 맞았을 때 어머니가 맹자의 잘못을 지적하여 이혼을 막았다는 '맹자자책孟子自責 불감거부不敢去婦', 제선왕과 뜻이 맞지 않아 떠나려고 하지만 어머니가 고생할 것을 걱정하여 주저하는 맹자에게 짐이 되지 않으려고 그 다음 날 떠나서 추나라로 갔다는 고사 등이다.

중국 '축의 시대'의 제자백가서諸子百家書 중의 하나였던 『맹자』는, 12세기 주자에 의해 사서집주四書集註로 편성되기 전까지는 중국에서 『순자荀子』나 『묵자墨子』에 비하면 그다지 선호되지 않았다. 하지만 조선에서는 고려말 정몽주鄭夢周1337~1392에게 주목받은 이래, 친구 정도전鄭道傳1342~1398에게 전해져 역성혁명易姓革命을 통하여 조선을 탄생시켰다. 무엇보다도 맹자의 민본사상民本思想이 그의 혁명론의 기본을 구성하였고, 이후 조선의 제왕교육 및 과거시험의 주요한 텍스트로 자리 잡았다. 반면 천황天皇 일가一家의 영원한 통치를 고수하는 일본에서는 혁명사상을 담은 『맹자』는 금지된 책이었다.

"不違農時, 穀不可勝食也.
불 위 농 시 곡 불 가 승 식 야

數罟不入洿池, 魚鼈不可勝食也.
촉 고 불 입 오 지 어 별 불 가 승 식 야

斧斤以時入山林, 材木不可勝用也.
부 근 이 시 입 산 림 재 목 불 가 승 용 야

穀與魚鼈不可勝食, 材木不可勝用.
곡 여 어 별 불 가 승 식 재 목 불 가 승 용

是使民養生喪死無憾也.
시 사 민 양 생 상 사 무 감 야

養生喪死無憾, 王道之始也."
양 생 상 사 무 감 왕 도 지 시 야

違(위): 어기다(違背)

農時(농시): 농사짓는 시기(농번기)

穀(곡): 곡식, 오곡

勝(승): 다하다(盡), 다 ~ 하다

不可勝(불가승): 다 ~할 수 없다(쓰고도 남는다)

數(촉): 빽빽하다(細密). 셈 수, 자주 삭

罟(고): 그물(魚網)

洿池(오지): 깊은 연못, 양어장

魚鼈(어별): 물고기와 자라

斧斤(부근): 도끼

以時(이시): 때로써, 일정한 시간 규정에 따라서

與(여): ~와(과)

養生(양생): 부모가 살아계실 때 효도로 봉양함

喪死(상사): 부모가 죽었을 때 애도하는 장례 (葬禮)

憾(감): 유감(遺憾), 불만족

王道(왕도): 천하를 다스리는 법, 인의로 천하를 다스림

왕도의 출발점

(맹자가 양혜왕을 찾아가서 만났을 때 왕은 이 나라에 이익될 것이 있느냐고 물었다. 이에 맹자가 왕도정치의 출발점을 다음처럼 설명하였다.)

"농사철에 때를 어기지 않으면 곡물은 다 먹을 수 없을 정도로 많이 수확됩니다.
웅덩이나 연못에 촘촘한 어망을 넣지 못하게 하면, 물고기나 자라는 다 먹을 수 없을 정도로 많아지고,
숲의 나무도 제한된 시기에만 베도록 허용하면 재목은 다 쓸 수 없을 정도로 넉넉해집니다.
곡식과 물고기와 자라가 다 먹을 수 없을 정도로 많고,
재목이 충분하다면, 백성이 산 사람을 봉양하고 죽은 사람을 장사 지내는 데 불만이 없게 될 것입니다. 백성이 살아 있는 사람을 봉양하고 죽은 사람을 장사지내는 데 유감이 없는 것, 이것이 바로 천하의 왕노릇 하는 방법의 출발점입니다."

● 쓰면서 음미하기

不違農時
數罟不入洿池
斧斤以時入山林
養生喪死
王道之始

梁惠王曰, "寡人願安承敎."
양 혜 왕 왈   과 인 원 안 승 교

孟子對曰, "殺人以梃與刃,
맹 자 대 왈   살 인 이 정 여 인

有以異乎?"曰, "無以異也."
유 이 이 호   왈   무 이 이 야

"以刃與政, 有以異乎?"
이 인 여 정   유 이 이 호

曰, "無以異也."
왈   무 이 이 야

曰, "庖有肥肉, 廏有肥馬,
왈   포 유 비 육   구 유 비 마

民有飢色, 野有餓莩,
민 유 기 색   야 유 아 부

此率獸而食人也.
차 솔 수 이 식 인 야

獸相食, 且人惡之, 爲民父母, 行政,
수 상 식   차 인 오 지   위 민 부 모   행 정

不免於率獸而食人,
불 면 어 솔 수 이 식 인

惡在其爲民父母也?
오 재 기 위 민 부 모 야

仲尼曰, '始作俑者, 其無後乎!'
중 니 왈   시 작 용 자   기 무 후 호

爲其象人而用之也.
위 기 상 인 이 용 지 야

如之何其使斯民飢而死也?"
어 지 하 기 사 사 민 기 이 사 야

올바른 정치

양혜왕(梁惠王)이 말씀하였다.

"과인(寡人)은 좀 편안하게 가르침을 듣고 싶습니다."

맹자께서 대답하셨다.

"사람을 죽이는데 몽둥이로 때려죽이는 것과 칼로 죽이는 것에 차이가 있습니까?"

왕(王)이 대답하였다.

"차이가 없습니다."

맹자께서 물으셨다.

"칼로 사람을 죽이는 것과 정치로 사람을 죽이는 것에 차이가 있습니까?"

왕이 대답하였다.

"차이가 없습니다."

맹자께서 말씀하셨다.

"(왕의) 주방에는 살진 고기가 있고, 마구간에는 살진 말이 있는데도, 백성들의 얼굴에는 굶주린 기색이 있고, 들판에는 굶어 죽은 사람의 시체가 있다면, 이것은 짐승을 몰아서 사람을 잡아먹게 한 것과 같습니다. 짐승끼리 서로를 잡아먹는 것도 사람들은 끔찍하게 보는데, 백성의 부모(父母)로서 정치를 행하면서 짐승을 몰아 사람을 잡아먹게 하는 나쁜 정치를 한다면, 어찌 백성의 부모(父母)라고 할 수 있겠습니까?

공자께서 말씀하시길, '맨 처음 나무 용(俑)을 만든 자는 반드시 그 후손(後孫)이 없을 것이로다.'고 하셨습니다.

사람 모습을 본떠서 만든 나무인형을 장례에 사용한 것만으로 이러하였는데, 어찌 이 백성으로 하여금 굶주려 죽게 한단 말입니까?"

梃(정): 몽둥이, 곤봉
刃(인): 칼날
庖(포): 주방
肥(비): 살찌다
廏(구): 마구간
飢(기): 굶주리다
野(야): 교외
餓莩(아표): 굶어 죽은 사람의 시체
相食(상식): 서로 죽임
惡(오): 혐오
行政(행정): 정무(政務)를 집행함
仲尼(중니): 공자의 자(字)
용(俑): 순장(殉葬)에 사용하던 흙 인형, 나무 인형
其(기): 아마도, 대개
無後(무후): 후손이 없다
其(기): 나무 인형
象人(상인): 모습이 사람을 본뜨다(像)

● **쓰면서 음미하기**

梃與刃

刃與政

民有飢色

野有餓莩

率獸而食人

爲民父母

始作俑者

其無後乎

梁惠王 양혜왕

曰, "無恒產而有恒心者, 惟士爲能.
왈　　무 항 산 이 유 항 심 자　　유 사 위 능

若民, 則無恒產, 因無恒心.
약 민　　즉 무 항 산　　인 무 항 심

苟無恒心, 放辟邪侈, 無不爲已.
구 무 항 심　　방 벽 사 치　　무 불 위 이

及陷於罪, 然後從而刑之,
급 함 어 죄　　연 후 종 이 형 지

是罔民也.
시 망 민 야

焉有仁人在位罔民而可爲也?"
언 유 인 인 재 위 망 민 이 가 위 야

恒產(항산): 안정된 생업
恒心(항심): 선심(善心). 변하지 않는 도덕심
惟(유): 오직(只)
士(사): 사인(士人). 사회계층의 하나로 지위가
　　대부(大夫)의 아래이고 서민(庶民)의 위
若(약): 만약
民(민): 서민
因(인): 則(즉)
苟(구): 만일, 진실로
放辟邪侈(방벽사치): 방탕하고 편벽되며 사악

하고 사치스럽다
無不~(무불): ~하지 않음이 없다(부정+부정
　　은 긍정)
已(이): 따름이다
陷(함): 함정, 빠뜨리다
刑(형): 형벌을 주다
罔(망): 그물(網과 통함). 법망에 걸리게 하다
焉(언)~也(야): 어찌~하겠는가?(반어형)
仁人(인인): 인덕을 갖춘 군주

140

생업이 있고 나서 도덕심이 있게 된다

맹자가 제나라 선왕을 만났을 때, 선왕이 제환공과 진문공의 패도(覇道) 정치를 들려주길 청하였다. 이에 맹자는 자신은 공자의 가르침을 배우는 사람으로 왕도(王道)에 대하여 말씀드리겠다고 하였다.

맹자가 말씀하셨다.
"일정한 생업(恒産)이 없으면서도 항상 올바른 마음(恒心)을 계속 가지고 있을 수 있는 것은, 오직 소수의 선비만이 가능한 것입니다.
일반 백성은 항산이 없으면 그로 인해 항심도 없어지고 맙니다. 항심이 없어지게 되면 방탕, 간사, 사악, 사치, 나쁜 짓은 무엇이든지 하게 되지요.
이렇게 죄악의 구렁텅이에 빠지게 한 다음 뒤 쫓아가서 형벌을 주는 것은 법망으로 백성을 그물질 하는 것과 다를 바 없으니, 인인(仁人)이 군주 자리에 있으면서 백성에게 그물질하는 일을 할 수 있단 말입니까?"

쓰면서 음미하기

恒産
恒心
放辟邪侈
無不爲已

陷於罪
從而刑
罔民

141

齊宣王見孟子於雪宮.
제 선 왕 견 맹 자 어 설 궁

王曰, "賢者亦有此樂乎?"
왕 왈 현 자 역 유 차 락 호

孟子對曰, "有. 人不得, 則非其上矣.
맹 자 대 왈 유 인 부 득 즉 비 기 상 의

不得而非其上者, 非也,
부 득 이 비 기 상 자 비 야

爲民上而不與民同樂者, 亦非也.
위 민 상 이 불 여 민 동 락 자 역 비 야

樂民之樂者, 民亦樂其樂.
낙 민 지 락 자 민 역 락 기 락

憂民之憂者, 民亦憂其憂.
우 민 지 우 자 민 역 우 기 우

樂以天下, 憂以天下.
낙 이 천 하 우 이 천 하

然而不王者, 未之有也."
연 이 불 왕 자 미 지 유 야

즐거움도 근심도 백성과 함께하다

제선왕이 별장인 설궁에서 맹자를 만났다. 왕이 물어보았다. "옛 현자들도 또한 이런 즐거움이 있었을까요?" 맹자가 대답하셨다.

"있고 말고요. 백성들이 이런 즐거움에 참가할 수 없어 그 윗사람을 비난하는 일도 있겠지요.

같이 즐길 수 없다고 무조건 윗사람을 비난하는 것도 잘못이지만,

임금의 자리에 있으면서 백성과 함께 즐거움을 나누지 않는 것도 또한 잘못입니다.

군주가 백성들이 즐거워하는 것을 같이 즐거워하면,

백성들 또한 군주의 즐거움을 즐거워합니다.

군주가 백성들이 근심하는 것을 같이 걱정하면

백성들 또한 군주의 근심을 걱정해줍니다.

군주가 천하 사람들의 즐거움을 가지고 즐거움으로 삼고,

천하 사람들의 근심을 가지고 근심으로 삼는데도,

천하의 왕노릇 못하는 사람은 일찍이 없었습니다."

論語

孟子

大學

中庸

雪宮(설궁): 제선왕의 별장
此樂(차락): 별장의 정원에 금수가 노니는 동산과 물고기가 뛰어오르는 연못을 보는 즐거움
亦有〜乎(역유〜호)?: 또한 〜이 있습니까?
非(비): 비난하다
上(상): 윗사람, 군주
與(여): 함께, 더불어
樂(락): 즐겁다. (참조: 음악 악, 좋아할 요)
憂(우): 근심하다. 근심
其(기): 그것, 여기서는 군주
天下(천하): 천하 사람
然而(연이): 그런데

與民同樂
樂民之樂
憂民之憂
樂以天下
憂以天下
不王者

敢問, "夫子惡乎長?"
감문 부자오호장

曰, "我知言, 我善養吾浩然之氣."
왈 아지언 아선양오호연지기

敢問, "何謂浩然之氣?"
감문 하위호연지기

曰, "難言也.
왈 난언야

其爲氣也, 至大至剛,
기위기야 지대지강

以直養而無害,
이직양이무해

則塞於天地之間.
즉색어천지지간

其爲氣也, 配義與道, 無是, 餒也.
기위기야 배의여도 무시 뇌야

是集義所生者,
시집의소생자

非義襲而取之也."
비의습이취지야

맹자가 추구하는 용기

공손추가 스승인 맹자에게 제나라 경상의 벼슬을 할 수 있다면 마음이 움직이겠습니까?하고 물었더니, 맹자는 40세 이후 부동심(不動心)이라고 하면서 부동심을 기르는 방법으로 호연지기를 거론하였다.

(공손추가) 감히 여쭙겠습니다. "선생님께서 잘하시는 것은 무엇입니까?"
맹자가 대답하셨다. "나는 남의 말을 잘 알아듣고, 나의 호연지기(浩然之氣)를 잘 기를 줄 안다."
(공손추가) 감히 여쭙겠습니다. "무엇을 호연지기라고 합니까?"
맹자께서 말씀하셨다. "말로 설명하기 매우 어렵다."
"그것은 인간의 기운이 지극히 크고, 지극히 강하여, 곧게 길러지고 사악함에 해를 입지 않으면, 하늘과 땅 사이에 꽉 들어차는 것이다.
그 기운은 항상 의(義)와 도(道)와 함께해서 떨어질 수가 없는데,
인간에게 이것이 없으면 활력이 사라지고 시들어버리고 만다."
"이 호연지기는 의로움에 의해 일상적으로 인간의 내면에 쌓이는 것이지,
갑자기 한 번 의로움을 행한다고 얻어지는 것이 아니다."

惡乎(오후): 무엇, 어디
知言(지언): 다른 사람의 말에 대하여 그 이치를 생각하고, 시비와 득실의 원인을 이해하다
善(선): 잘하다
浩然(호연): 성대하게 유행하는 모습
氣(기): 기운. 만물을 이루는 근거지
至(지): 지극히(極)
剛(강): 견강. 굳세다
直(직): 정직
塞(색): 가득 차다, 메꾸다. (참조: 요새 새)
配(배): 서로 배합하여 도움이 되다, 짝하다, 아내
餒(뇌): 기아(飢餓), 굶주림, 기가 몸에 충분하지 않다
集義(집의): 적선(積善), 거듭 도의에 적합한 행동을 함
義襲(의습): 우연하게 한 번 의를 행함

知言

浩然之氣

至大至剛

直養

天地之間

配義

集義

公孫丑 _{공손추}

孟子曰, "人皆有不忍人之心.
맹 자 왈   인 개 유 불 인 인 지 심

先王有不忍人之心,
선 왕 유 불 인 인 지 심

斯有不忍人之政矣.
사 유 불 인 인 지 정 의

以不忍人之心, 行不忍人之政,
이 불 인 인 지 심   행 불 인 인 지 정

治天下可運之掌上.
치 천 하 가 운 지 장 상

惻隱之心, 仁之端也,
측 은 지 심   인 지 단 야

羞惡之心, 義之端也,
수 오 지 심   의 지 단 야

辭讓之心, 禮之端也,
사 양 지 심   예 지 단 야

是非之心, 智之端也.
시 비 지 심   지 지 단 야

人之有是四端也,
인 지 유 시 사 단 야

猶其有四體也."
유 기 유 사 체 야

도덕성은 하늘이 준 것이다

맹자께서 말씀하셨다.

"인간은 누구나 남의 불행을 못 본 척할 수 없는 동정심을 가지고 있다. 옛날의 훌륭한 성왕(聖王)은 사람의 불행을 동정하는 마음을 가졌을 뿐만 아니라, 사람의 불행을 동정하는 정치를 행하였다.

사람의 불행을 동정하는 마음을 가지고, 사람의 불행을 동정하는 정치를 행할 수가 있다면, 천하를 다스리는 일은 마치 손바닥 위에서 움직이는 것처럼 쉽게 할 수 있을 것이다."

"남을 측은하게 여기는 마음은 인(仁)의 단서(端緖)이며,

자기의 잘못을 부끄러워하고, 남의 잘못을 미워하는 마음은 의(義)의 단서이며,

남에게 겸손하고 사양하는 마음은 예(禮)의 단서이며,

옳을 것을 좋아하고 그른 것을 싫어하는 마음은 지(智)의 단서이다.

사람에게 이 네 가지 단서가 있다는 것은 몸이 두 팔, 두 다리를 가지고 있는 것과도 같다."

忍(인): 참다. 잔인하다. 동정심이 없다

忍人(불인): 남에 대하여 잔인한 마음

不忍人(불인인): 남에 대하여 잔인하지 못한 마음, 남에 대한 측은지심(惻隱之心)

先王(선왕): 중국 고대의 성왕(聖王). 요(堯),순(舜),우(禹), 탕(湯), 문(文), 무(武), 주공(周公)을 가리킴

斯(사): 여기에

不忍人之政(불인인지정): 남에게 차마 잔인하게 하지 못하는 정치, 즉 인정(仁政)

運之掌上(운지장상): 손바닥 위에서 작은 물건을 움직이는 것처럼 쉽다

惻(측): 슬퍼함, 애통(哀痛)함

惻隱之心(측은지심): 남을 불쌍하게 여기는 마음

端(단): 단서, 실마리

羞(수): 부끄러워하다

羞惡之心(수오지심): 자기의 잘못을 부끄러워하고, 남의 잘못을 미워하는 마음

讓(양): 사양하다

辭讓之心(사양지심): 남에게 겸손하고 사양하는 마음

是(시): 옳다, 이것

非(비): 그르다, 아니다

是非之心(시비지심): 옳을 것을 좋아하고 그른 것을 싫어하는 마음

四端(사단): 네 가지 단서

四體(사체): 팔다리

● 쓰면서 음미하기

不忍之心

不忍之政

運之掌上

惻隱之心

羞惡之心

辭讓之心

是非之心

四端

"夫仁政, 必自經界始.
부 인 정 필 자 경 계 시

經界不正, 井地不鈞, 穀祿不平,
경 계 부 정 정 지 불 균 곡 록 불 평

是故暴君汙吏必慢其經界.
시 고 폭 군 오 리 필 만 기 경 계

經界旣正,
경 계 기 정

分田制祿可坐而定也.
분 전 제 록 가 좌 이 정 야

死徙無出鄕, 鄕田同井,
사 사 무 출 향 향 전 동 정

出入相友, 守望相助,
출 입 상 우 수 망 상 조

疾病相扶持, 則百姓親睦.
병 질 상 부 지 즉 백 성 친 목

方里而井, 井九百畝, 其中爲公田.
방 리 이 정 정 구 백 묘 기 중 위 공 전

八家皆私百畝, 同養公田."
팔 가 개 사 백 묘 동 양 공 전

민본정치의 실현 방법

등나라 문공이 정식으로 즉위한 후에 맹자를 초빙하여 정치에 대하여 묻자, 맹자는 민본 정치를 실현하기 위한 세법과 교육제도 등을 설명하였다. 얼마 후 등문공은 신하 필전(畢戰)을 보내 정전제도에 대해 묻도록 하였고, 그에 대해 맹자가 다음처럼 대답하였다.

"무릇 백성을 잘 살게 하려는 인정(仁政)은 땅의 경계를 바르게 하는 데서 시작하는 것이다. 경계가 바르지 않으면, '정(井)'자 모양의 균등한 구획이 망가지고, 관리들의 봉록도 공평하지 않게 된다.

그러므로 폭군이나 탐관오리들은 반드시 땅의 경계를 바르게 하는 것을 게을리한다.

경계가 이미 바로잡히면 백성에게 토지를 나누어 주고 관리들의 봉록을 제정하는 것이 별 어려움이 없이 결정된다.

이렇게 하면 백성들이 죽거나 이사를 가게 되어도 마을을 떠나지 않게 되고, 마을(鄕)의 땅은 같은 정(井)에 속하는 8가구가 공동체로 묶여 평상시 출입할 때는 서로 동료가 되고, 전쟁 때에는 서로 도와서 적을 방어하고 정찰하며, 질병은 서로 보살펴주도록 하면, 백성들은 모두 서로 친하고 단결하게 된다.

정전은 사방 1리(里)의 농지를 정자(井字) 모양으로 구획 짓는 것이며, 한 정(井)이 9백묘(畝)가 되는데, 그 중앙의 1백묘가 공전(公田)이 되는 것이다.

8가구가 사전 1백묘씩을 경작하고, 가운데 공전은 공동으로 경작하여, 나라에 바치는 것이다."

仁政(인정): 어진 정치. 맹자의 이상정치

自(자): ~로부터

經界(경계): 정전제에 따라서 경작지를 분할한 한계

鈞(균): 고르다(=均)

穀祿(곡록): 봉록(俸祿). 봉록을 주기 위한 조세의 곡식

㒼吏(오리): 더럽게 부패한 관리. 탐관오리(貪官汚吏)

만(慢): 게으르다. 순서가 없다

分田(분전): 경작지의 경계를 확정한 뒤 전지를 인민에게 나누어 줌

制(제): 확정함

祿(록): 관리의 봉록

徙(사): 이사. 옮기다

同井(동정): 동일한 정전(井田)의 8가(家)

友(우): 함께하다(伴)

守望(수망): 도적을 방어함

扶持(부지): 도와서 유지하다

親穆(친목): 친근하게 화목함

方里(방리): 1리(里)

井(정): 정전(井田)

畝(묘): 이랑. 전답 면적의 단위. 묘는 약 30평으로 약100㎡

其中(기중): 정전(井田)의 중앙에 있는 100묘

私(사): 사전(私田)

● 쓰면서 음미하기

仁政

經界

分田制祿

方里而井

井九百畝

暴君汙吏

出入相友

守望相助

疾病扶持

"居天下之廣居, 立天下之正位,
거 천 하 지 광 거　입 천 하 지 정 위

行天下之大道.
행 천 하 지 대 도

得志, 與民由之, 不得志, 獨行其道.
득 지　여 민 유 지　부 득 지　독 행 기 도

富貴不能淫, 貧賤不能移,
부 귀 불 능 음　빈 천 불 능 이

威武不能屈,
위 무 불 능 굴

此之謂大丈夫."
차 지 위 대 장 부

廣居(광거): 넓은 집. 인(仁)을 말함
正位(정위): 바른 자리. 예(禮)를 말함
大道(대도): 큰 길. 의(義)를 말함
得志(득지): 관리의 길에 나가다
由(유): 따르다(循)
由之(유지): 대도(大道)를 따른다(전진한다)
淫(음): 미혹(迷惑), 어지럽히다
移(이): 개변(改變), 옮기다. 변하다
屈(굴): 굴복(屈服), 굽히다, 물러나다

158

누가 대장부인가?

(전국시대 종횡가인 경춘(景春)이 맹자에게 연횡책을 주장한 장의(張儀)와 합종책을 주장한 공손연(公孫衍)을 진실로 대장부라고 할 수 있지 않습니까? 하고 물었다. 이에 맹자가 그들은 군주에게 순종하여 환심을 얻어 자신의 권세와 이익을 챙기는 자들에 불과하다고 말하고, 자신이 추구하는 대장부를 설명하였다.)

"천하의 넓은 집에 머물고, 천하의 바른 자리에 서고, 천하의 큰 도
(大道)를 행하노라!
뜻하는 지위를 얻으면 천하의 백성들과 함께 도(道)를 실천하고,
뜻하는 지위를 얻지 못하면 자기 혼자서 도를 실천하노라!
부귀가 그를 타락시킬 수 없고,
빈천이 그를 비굴하게 만들지 못하며,
위세나 무력도 그를 굴복시키지 못하노라!
이런 사람을 일컬어 대장부라고 하는 것이오."

> **쓰면서 음미하기**

廣居　　　　不能淫
正位　　　　不能移
大道　　　　不能屈
與民由之　　大丈夫
獨行其道

孟子曰, "自暴者, 不可與有言也.
맹 자 왈   자 포 자   불 가 여 유 언 야

自棄者, 不可與有爲也.
자 기 자   불 가 여 유 위 야

言非禮義, 謂之自暴也.
언 비 예 의   위 지 자 포 야

吾身不能居仁由義, 謂之自棄也.
오 신 불 능 거 인 유 의   위 지 자 기 야

仁, 人之安宅也, 義, 人之正路也.
인   인 지 안 택 야   의   인 지 정 로 야

曠安宅而弗居, 舍正路而不由,
광 안 택 이 불 거   사 정 로 이 불 유

哀哉!"
애 재

暴(포): 해치다(害). 참조: 사나울 폭(暴), 사납다

不可(불가): ~할 수 없다

與(여): 서로 함께, 함께 　　　　居仁(거인): 마음에 인(仁)을 두다

有言(유언): 상담(商談) 　　　　由義(유의): 도를 행하는 데 의(義)에 따르다

棄(기): 버리다 　　　　　　　曠(광): 비우다(空), 밝다

有爲(유위): 작위(作爲)하는 것이 있다 　　舍(사): 버리다(捨)

160　非禮義(비예의): 예의를 비방하다. 헐뜯다 　　哉(재): ~하구나(감탄 어조사)

자포자기는 인간됨의 포기

맹자께서 말씀하셨다.

"자기에게 폭력을 가하는 자와는 더불어 말할 수 없고,

자기를 버리는 자와는 더불어 일을 도모할 수 없다.

입만 열면 예와 의를 비난하는 것을 자포(自暴)라고 하고,

나 자신은 인(仁)에 살고 의롭게 행동하는 것이 불가능하다고 하는 것을 자기

(自棄)라고 한다.

인은 사람의 가장 편안한 집이고, 의란 사람의 가장 반듯한 길이다.

그토록 편안한 집을 비워 놓고 그곳에 살 생각을 하지 않으며,

그토록 바른 길을 내버려 두고 그곳으로 걸어갈 생각을 하지 않으니,

참으로 슬픈 비극이구나!"

> **쓰면서 음미하기**

自暴

自棄

非禮義

不能居仁由義

安宅

正路

淳于髡曰, "男女授受不親, 禮與?"
순 우 곤 왈　　남 녀 수 수 불 친　　예 여

孟子曰, "禮也."
맹 자 왈　　　예 야

曰, "嫂溺, 則援之以手乎?"
왈　　수 닉　　즉 원 지 이 수 호

曰, "嫂溺不援, 是豺狼也.
왈　　수 닉 불 원　　시 시 랑 야

男女授受不親, 禮也, 嫂溺,
남 녀 수 수 불 친　　예 야　　수 닉

援之以手者, 權也."
원 지 이 수 자　　권 야

曰, "今天下溺矣, 夫子之不援,
왈　　금 천 하 닉 의　　부 자 지 불 원

何也?"
하 야

曰, "天下溺, 援之以道, 嫂溺,
왈　　천 하 닉　　원 지 이 도　　수 닉

援之以手.
원 지 이 수

子欲手援天下乎?"
자 욕 수 원 천 하 호

상황성을 놓치면 예가 아니다

순우곤이 여쭈었다.

"남자와 여자가 접근하여 손으로 물건을 주고받지 않는 것이 예(禮)의 규정입니까?"

맹자가 대답하셨다.

"예입니다."

순우곤이 여쭈었다.

"형수가 물에 빠졌을 때, 직접 손으로 잡아당겨 올리는 것은 어떻습니까?"

맹자가 대답하셨다.

"형수가 물에 빠졌는데 잡아당기지 않는 것은 승냥이나 이리처럼 잔혹한 짓이지요. 남녀가 직접 손으로 물건을 주고받지 않는 것은 평상시의 당연한 예이지만, 물에 빠진 형수를 손으로 끌어내는 것은 상황에 따른 방편입니다."

순우곤이 여쭈었다.

"지금 천하가 물에 빠졌는데, 선생께서 적극적으로 구원의 손을 뻗치지 않는 것은 무슨 이유입니까?"

맹자가 대답하셨다.

"천하가 물에 빠졌다면, 그것은 반드시 인의의 도(道)로써 구원해야 합니다. 형수가 물에 빠졌으면 손으로 잡아당겨야 하겠지만, 선생께서는 형수를 손으로 잡는 그런 방편으로써 천하를 구원하시겠습니까?"

淳于髡(순우곤): 전국시대 제나라의 관료이자 학자, 제나라 직하(稷下) 학단의 초대 총장이었음

授受(수수): 주고받음

親(친): 접근(接近), 접촉(接觸)

嫂(수): 형수

溺(닉): 물에 빠지다

援(원): 당기다(引), 끌어내어 구조함

以(이): 사용하다(用)

豺狼(시랑): 승냥이와 이리

權(권): 권도(權道), 변통(變通), 저울질

子(자): 그대(2인칭 대명사, 爾)

● 쓰면서 음미하기

授受不親

嫂溺

援之以手

權也

天下溺

援之以道

徐子曰, "仲尼亟稱於水,
서 자 왈   중 니 기 칭 어 수

曰. '水哉! 水哉!'
왈   수 재   수 재

何取於水也?"
하 취 어 수 야

孟子曰, "原泉混混, 不舍晝夜,
맹 자 왈   원 천 혼 혼   불 사 주 야

盈科而後進, 放乎四海.
영 과 이 후 진   방 호 사 해

有本者如是, 是之取爾.
유 본 자 여 시   시 지 취 이

苟爲無本, 七八月之間雨集,
구 위 무 본   칠 팔 월 지 간 우 집

溝澮皆盈, 其涸也, 可立而待也.
구 회 개 영   기 학 야   가 립 이 대 야

故聲聞過情, 君子恥之."
고 성 문 과 정   군 자 치 지

샘이 깊은 물은 마르지 않는다

서자(徐子)가 말하였다.

"중니(공자)께서 자주 물을 찬양하여, '물이여! 물이여!'라고 감탄의 말씀을 하셨는데, 물의 어떤 면을 취하여 말씀하신 것입니까?"

맹자께서 말씀하셨다.

"수원(水源)에서 콸콸 샘솟아 흐르는 물은 밤낮으로 쉼 없이 흘러, 웅덩이가 있으면 채우고 나서 또 다시 흘러 드디어 넓은 바다에 도달한다. 이처럼 물의 수원지 같은 뿌리가 있는 사람은 고갈되는 것을 모른다. 공자께서는 바로 물의 이런 점을 취하신 것이다.

진실로 물의 근원지가 없으면,

7, 8월 사이에 퍼부은 빗물이 모여 작고 큰 도랑을 다 채워도 비가 그쳐 땡볕이 쬐면 그것이 말라가는 모습을 서서 보는 동안에도 금방 확인할 수 있다.

그러므로 한 사람의 명성이 그 사람의 실제 모습보다 지나치는 것을, 군자는 부끄럽게 여긴다."

徐子(서자): 맹자의 제자, 서벽(徐辟)

仲尼(중니): 공자의 자

亟(기): 누차(屢次), 자주(식數)

取(취): 취사선택, 採用(채용)

原泉(원천): 수원지가 있는 샘

混混(혼혼): 큰 물이 분방하게 흘러가는 모습

舍(사): 멈추다(止)

盈(영): 차다(滿)

科(과): 웅덩이. 곡식(禾)을 말(斗)로 헤아린다

放(방): 이르다(至)

四海(사해): 온 세상

爾(이): ～할 따름이다. ～할 뿐이다

苟(구): 만약

集(집): 집중(集中). 모이다. 이르다

溝澮(구회): 배수구. 크고 작은 도랑

涸(학): 물이 마르다

可立而待(가립이대): 매우 빠르다

聲聞(성문): 소문, 명성

過(과): 초과(超過), 지나치다

정(情): 실제, 실정

恥(치): 부끄러워하다

亟稱於水

原泉

不舍晝夜

盈科後進

有本者

可立而待

聲聞過情

論語

孟子

大學

中庸

萬章問曰, "敢問友."
만 장 문 왈　　감 문 우

孟子曰, "不挾長 不挾貴,
맹 자 왈　　불 협 장 불 협 귀

不挾兄弟而友.
불 협 형 제 이 우

友也者, 友其德也, 不可以有挾也."
우 야 자　우 기 덕 야　불 가 이 유 협 야

萬章(만장): 전국 시대 제(齊)나라 사람. 맹자의 제자
挾(협): 소유하고 믿는 것. 자기가 남보다 우월한 것을 뽐내는 것
長(장): 나이가 많은 것
貴(귀): 지위가 높은 것

友(우): 교우(交友)

친구를 사귀는 원칙

만장이 여쭈었습니다.

"감히 친구 사귐에 대해 묻고자 합니다."

맹자께서 말씀하셨다.

"나이가 많은 것을 뽐내지 말고,

신분이 높은 것을 뽐내지 말고,

연줄이나 패거리가 있음을 뽐내지 말아야 한다.

친구를 사권다는 것은 친구의 덕(德)을 벗하는 것이기에,

그 사이에 어떤 것도 마음으로 뽐내고 의지해서는 안 된다."

● **쓰면서 음미하기**

不挾長

不挾貴

不挾兄弟

友其德

171

萬章만장

孟子謂萬章曰, "一鄕之善士,
맹 자 위 만 장 왈   일 향 지 선 사

斯友一鄕之善士.
사 우 일 향 지 선 사

一國之善士, 斯友一國之善士,
일 국 지 선 사   사 우 일 국 지 선 사

天下之善士, 斯友天下之善士,
천 하 지 선 사   사 우 천 하 지 선 사

以友天下之善士, 爲未足, 又尙論古之人.
이 우 천 하 지 선 사   위 미 족   우 상 론 고 지 인

頌其詩, 讀其書, 不知其人, 可乎?
송 기 시   독 기 서   부 지 기 인   가 호

是以論其世也. 是尙友也."
시 이 론 기 세 야   시 상 우 야

鄕(향): 고을. 향촌
善士(선사): 품행이 고상한 사람. 향리 거처하
　　는 선사(鄕之善士)
友(우): 교우(交友)
國(국): 지역. 국가
天下(천하): 온 나라. 전 세계
尙(상): 거슬러 올라가다(上)

誦(송): 읊다. 암송(暗誦)
可乎?(가호): 가능하겠느냐? (반어형으로 가
　　능하지 않다라는 의미)
是以(시이): 이 때문에
世(세): 時代(시대)
尙友(상우): 즉 상우(上友). 옛사람과 교우(交
　　友)하는 것

성현과 친구가 되는 방법

論語

맹자께서 만장에게 말씀하셨다.

"한 고을의 뛰어난 인재는 곧 같은 고을의 뛰어난 인재와 벗할 수밖에 없다.
한 나라의 뛰어난 인물은 곧 그 나라의 뛰어난 인물과 벗할 수밖에 없으며,
천하의 뛰어난 인물은 곧 천하의 뛰어난 인물과 벗할 수밖에 없게 된다.
그런데 천하의 뛰어난 인물과 벗해도 만족할 수 없다면, 역사를 거슬러 올라가
옛 성현들을 논하며 벗 삼으면 된다.
옛 성현의 시(詩)를 암송하고 그들이 쓴 책을 읽으면서, 그 책을 지은 인물됨을
모르다면 말이 되는가? 그 인물됨을 알기 위해서는 반드시 그가 살았던 시대에
대해서 의론해야만 하는데, 이 정도가 되어야 비로소 상우(尚友), 거슬러 올라가
옛사람을 벗삼는다는 말을 할 수가 있다."

孟子

大學

쓰면서 음미하기

一鄉之善士　　　頌其詩
一國之善士　　　讀其書
天下之善士　　　論其世
尚論　　　　　　尚友

中庸

告子 고자

告子曰, "性猶湍水也,
고 자 왈   성 유 단 수 야

決諸東方則東流, 決諸西方則西流.
결 저 동 방 즉 동 류   결 저 서 방 즉 서 류

人性之無分於善不善也,
인 성 지 무 분 어 선 불 선 야

猶水之無分於東西也."
유 수 지 무 분 어 동 서 야

孟子曰, "水信無分於東西, 無分於上下乎?
맹 자 왈   수 신 무 분 어 동 서   무 분 어 상 하 호

人性之善也, 猶水之就下也.
인 성 지 선 야   유 수 지 취 하 야

人無有不善, 水無有不下."
인 무 유 불 선   수 무 유 불 하

猶(유): 같다(如)
湍(단): 여울, 소용돌이
決(결): 물길을 터주다
諸(저): 之於의 준말, 그것을 ~에
東(동): 동쪽을 향하여
人性(인성): 인간의 타고난 성향
分(분): 구별

東西(동서): 동쪽을 향하고 서쪽을 향하는 방
위를 가리킴
猶(유): 오히려, 마치 ~와 같다
信(신): 진실로(誠), 확실하게
就(취): 흐르는 방향, 나아가다
下(하): 저지(低地), 낮은 쪽으로 흐르다

174

인간의 본성은 선을 향한다

고자가 말하였다.

"인간의 성(性)이란 여울목에 잠시 고여 있는 물과도 같습니다.

동쪽으로 물길을 트면 동쪽으로 흐르고,

서쪽으로 물길을 트면 서쪽으로 흐르지요.

인성(人性)이 본시 선(善)과 불선(不善)으로 구분될 수 없다고 하는 나의 주장은

물 그 자체가 동쪽이나 서쪽의 방향성이 결정되어 있지 않은 것과 같소."

맹자께서 말씀하셨다.

"물은 진실로 동과 서를 가리지 않지요.

그러나 상과 하의 구분조차도 없다고 할 수 있을까요?

사람의 타고난 성향이 본시 선하다고 하는 것은, 마치 물이 아래로 흐르는 것과

같습니다.

사람은 선하지 않은 사람이 없고, 물은 아래로 흐르지 아니함이 없습니다."

▶ 쓰면서 음미하기

性猶湍水　　善不善

決諸東方　　人性之善

決諸西方　　水之就下

告子고자

孟子曰, "魚, 我所欲也, 熊掌亦我所欲也,
맹 자 왈   어   아 소 욕 야   웅 장 역 아 소 욕 야

二者不可得兼, 舍魚而取熊掌者也.
이 자 불 가 득 겸   사 어 이 취 웅 장 자 야

生亦我所欲也, 義亦我所欲也,
생 역 아 소 욕 야   의 역 아 소 욕 야

二者不可得兼, 舍生而取義者也.
이 자 불 가 득 겸   사 생 이 취 의 자 야

生亦我所欲, 所欲有甚於生者,
생 역 아 소 욕   소 욕 유 심 어 생 자

故不爲苟得也,
고 불 위 구 득 야

死亦我所惡, 所惡有甚於死者,
사 역 아 소 오   소 오 유 심 어 사 자

故患有所不辟也."
고 환 유 소 불 피 야

欲(욕): 바라다, 원하다

熊掌(웅장): 곰 발바닥

兼(겸): 겸비(兼備), 동시에 소유하다

舍(사): 버리다(捨)

生(생): 생명(生命)

舍生取義(사생취의): 도의를 취하기 위하여
　　　생명을 포기함

甚(심): 초과(超過)하다, 심하다, 매우

於(어): ~보다

苟得(구득): 구차하게 얻다, 마땅히 얻을 것이
　　　아닌데 얻는 사정

惡(오): 증오(憎惡), 싫어하다

患(환): 우환, 재앙

辟(피): 피하다(=避), 도피(逃避)

176

생명보다 더 소중한 것이 있다

맹자께서 말씀하셨다.

"생선 요리는 내가 원하는 것이고, 곰의 발바닥 요리 또한 내가 원하는 것이다. 이 두 종류를 동시에 얻을 수 없다면, 나는 생선요리를 포기하고 곰 발바닥 요리를 먹을 것이다.

(생명과 도의에 관하여도 마찬가지여서) 삶도 내가 원하는 것이고(죽기를 싫어하며), 도의(道義) 또한 내가 원하는 것이다.

이 두 가지를 동시에 얻을 수 없다면, 나는 생명을 희생해서라도 도의를 지키려고 한다.

삶 또한 내가 소망하는 것이지만, 삶보다 더 간절하게 소망하는 것이 있다면 나는 구차스럽게 살려고 하지 않을 것이다.

죽음 또한 내가 싫어하는 것이지만, 죽음보다 더 극심하게 싫은 것이 있다면, 나는 죽음의 환난을 피하려고 하지 않을 것이다."

▶ 쓰면서 음미하기

熊掌　　不爲苟得
不可得兼　有所不辟
舍生取義

告子고자

孟子曰, "仁, 人心也, 義, 人路也.
맹 자 왈　인　인 심 야　의　인 로 야

舍其路而弗由, 放其心而不知求, 哀哉!
사 기 로 이 불 유　방 기 심 이 부 지 구　애 재

人有雞犬放, 則知求之, 有放心而不知求.
인 유 계 견 방　즉 지 구 지　유 방 심 이 부 지 구

學問之道無他, 求其放心而已矣."
학 문 지 도 무 타　구 기 방 심 이 이 의

由(유): 經由(경유)하다, 가다(行)
放(방): 잃다(失), 놓아 버리다
其心(기심): 인하고 선한 마음
求(구): 쫓아가서 찾다
哀(애): 슬프다, 애통하다
哉(재): 감탄 어조사
鷄犬(계견): 닭과 개
放(방): 잃다, 상실(喪失)하다
放心(방심): 마음을 잃어버리다
學問之道(학문지도): 학문하는 방법, 도덕 수양의 방법
其(기): 자기(自己)

178

놓아버린 마음을 되찾다

맹자께서 말씀하셨다.

"인이란 사람의 마음이요,

의란 사람의 길이다.

그 바른길을 버려두고 그곳으로 걸어갈 생각을 하지 않으며,

그 마음을 놓아버리고 다시 구할 생각을 하지 않으니,

참으로 슬프구나!

사람들이 기르던 닭이나 개가 없어지면 부지런히 그것을 찾아 나서면서, 자신

의 마음이 사라지면 그것을 되찾아 오려고 나설 줄 모른다.

학문(배우고 묻는 것)의 길이란 다른 게 아니다.

그 놓아버린 본래 마음을 되찾아오는 것일 뿐이다."

● 쓰면서 음미하기

人心　　放心

人路　　學問之道

舍其路　　求其放心

179

告子고자

"入則無法家拂士, 出則無敵國外患者,
입 즉 무 법 가 필 사   출 즉 무 적 국 외 환 자

國恒亡.
국 항 망

然後知生於憂患而死於安樂也."
연 후 지 생 어 우 환 이 사 어 안 락 야

入(입): 국내
法家(법가): 법도를 지키면서 대대로 벼슬하는 가문
拂士(필사): 보필(輔弼)하는 인사, 능히 군왕의 과실을 직간하고 교정할 수 있는 신하
出(출): 국외
外患(외환): 밖에서 오는 근심
恒(항): 항상(恒常)
然後(연후): 그런 뒤에야
生(생): 생존(生存)
憂患(우환): 근심
死(사): 사망(死亡), 멸망
安樂(안락): 편안함. 쾌락

고난의 경험이 약이 된다

(맹자가 고난 속에서 발탁된 여러 현자를 열거한 뒤에, 고난이 인간의 마음을 움직이고, 인내심을 길러주고, 능력을 길러준다는 역설의 효과를 설명하였다.)

"(한 국가에 만일) 국내에는 법도 있는 가문과 강직하게 군주를 보좌하는 현자가 없고,
국외에는 서로 대항하는 적국과 외환을 불러일으키는 위협이 없어 보인다면,
그런 무사안일에 빠져든 나라는 항상 멸망의 길을 걷는다.
개인이든 국가든 이런 교훈을 얻은 뒤에야 비로소
우환에 살고 안락에서 죽는다는 것을 알게 된다."

● 쓰면서 음미하기

法家
拂士
敵國

外患
生於憂患
死於安樂

盡心진심

孟子曰, "盡其心者, 知其性也.
맹 자 왈　진 기 심 자　지 기 성 야

知其性, 則知天矣.
지 기 성　즉 지 천 의

存其心, 養其性, 所以事天也.
존 기 심　양 기 성　소 이 사 천 야

殀壽不貳, 修身以俟之, 所以立命也."
요 수 불 이　수 신 이 사 지　소 이 입 명 야

盡(진): 극한에 이르다, 충분히 발휘하다, 극진히
心(심): 본심의 지혜
所以(소이): ~으로써(with which)
天(천): 천명(天命)
存(존): 보존(保存)
養(양): 양육(養育)
事天(사천): 하늘을 받들다, 대대(待對)하다
殀(요): 요(夭)의 이체자, 요절(夭折), 단명
壽(수): 장수(長壽)
不貳(이): 전일(專一), 두 마음이 아니다, 의심하지 않는다
修身(수신): 몸을 닦다
俟(사): 기다리다
所以(소이): 방식(方式), 방법
立命(입명): 천명(天命)을 확립하다

182

마음을 다해야 하늘을 알 수 있다

맹자께서 말씀하셨다.

"자신의 마음을 충분히 제어하는 사람은 자기의 본래의 성을 알 수 있다.

자기의 성을 알게 되면, 반드시 천명(天命)을 알 수 있다.

그 마음을 잘 보존하고, 자기의 성을 잘 기르면, 그것이 곧 하늘을 섬기는 길이다.일찍 죽고 오래 사는 일에 마음을 흘트리지 말고

오직 끊임없이 내 몸을 닦으면서 기다리는 것이 곧 내 삶 속에서 천명을 확립하는 길이다."

⚫ 쓰면서 음미하기

盡心
知性
知天
存心
養性

事天
夭壽不貳
修身
立命

論語

孟子

大學

中庸

183

孟子曰, "人之所不學而能者, 其良能也.
<small>맹 자 왈   인 지 소 불 학 이 능 자   기 양 능 야</small>

所不慮而知者, 其良知也.
<small>소 불 려 이 지 자   기 양 지 야</small>

孩提之童, 無不知愛其親者, 及其長也,
<small>해 제 지 동   무 부 지 애 기 친 자   급 기 장 야</small>

無不知敬其兄也.
<small>무 부 지 경 기 형 야</small>

親親, 仁也, 敬長, 義也.
<small>친 친   인 야   경 장   의 야</small>

無他, 達之天下也."
<small>무 타   달 지 천 하 야</small>

良能(양능): 타고난 재능, 맹자의 철학적 개념어
慮(려): 생각하다
良知(양지): 타고난 지혜
孩(해): 어린아이
提(제): 끌다
孩提之童(해제지동): 손을 잡아주어야 할 2세~3세의 어린아이
長(장): 성장하다, 장성하다
親親(친친): 부모(父母)를 친애함
敬長(경장): 어른을 공경함
無他(무타): 다른 것이 없다

達(달): 추급(推及)하여 펼쳐가다, 도달하다

양지와 양능

맹자께서 말씀하셨다.

"사람이 학문으로 배우지 않고도 할 수 있는 것, 그것을 양능이라고 한다. 인간이 생각하지 않고도 아는 것, 그것을 양지라고 한다. 포대기 안에 안겨 있는 젖먹이라도 부모를 사랑하는 것을 모르는 아이와 없고, 조금 성장하면 그 형을 받드는 것을 모르는 아이가 없다. 부모에게 친하게 함은 인(仁)이요, 연장자를 받드는 것은 의(義)이다. (인의를 실천하는 방법은) 다른 것이 없다. 이 양지·양능을 천하에 널리 퍼지게 하는 것이다."

쓰면서 음미하기

良能
良知
孩提之童

愛親
親親
敬長

185

孟子曰, "君子有三樂, 而王天下不與存焉.
맹 자 왈   군 자 유 삼 락   이 왕 천 하 불 여 존 언

父母俱存, 兄弟無故, 一樂也.
부 모 구 존   형 제 무 고   일 락 야

仰不愧於天, 俯不怍於人, 二樂也.
앙 불 괴 어 천   부 부 작 어 인   이 락 야

得天下英才而敎育之, 三樂也.
득 천 하 영 재 이 교 육 지   삼 락 야

君子有三樂, 而王天下不與存焉."
군 자 유 삼 락   이 왕 천 하 불 여 존 언

君子(군자): 유덕(有德)한 사람

王天下(왕천하): 천하를 통치(統治)하는 군주가 됨

焉(언): 여기에. '于此(우차)'의 준말

俱(구): 함께, 모두

故(고): 사고(事故), 재환(災患)

仰(앙): 머리를 올리다, 위로 향하다

愧(괴): 부끄러워하다

俯(부): 머리를 숙이다

☒(작): 부끄러워하다

存(존): 재(在)

군자의 세 가지 즐거움

맹자께서 말씀하셨다.

"군자에게 세 가지 즐거움이 있으니, 천하를 통일하여 왕도를 구현하는 일조차 여기에는 들어가지 않는다.

부모 두 분이 건강하게 살아 계시고, 형과 동생이 사고 없이 생활하면 그것이 첫 번째 즐거움이다.

하늘을 우러러 보아 부끄러움이 없고, 아래로 굽어 사람들을 보아도 부끄러움이 없는 공명정대한 삶이 두 번째 즐거움이다. 천하의 영재를 얻어 그들을 교육하는 것이 세 번째 즐거움이다.

군자에게 이 세 가지 즐거움이 있으니, 천하를 통일하여 왕도를 구현하는 일조차 여기에는 들어가 있지 않도다."

▶ 쓰면서 음미하기

君子三樂　　　仰不愧於天

王天下　　　俯不怍於人

父母俱存　　　英才敎育

兄弟無故

孟子曰, "民爲貴, 社稷次之, 君爲輕.
<small>맹 자 왈　　민 위 귀　　사 직 차 지　　군 위 경</small>

是故得乎丘民而爲天子,
<small>시 고 득 호 구 민 이 위 천 자</small>

得乎天子爲諸侯, 得乎諸侯爲大夫.
<small>득 호 천 자 위 제 후　　득 호 제 후 위 대 부</small>

諸侯危社稷, 則變置.
<small>제 후 위 사 직　　즉 변 치</small>

犧牲旣成, 粢盛旣絜, 祭祀以時,
<small>희 생 기 성　　자 성 기 혈　　제 사 이 시</small>

然而旱乾水溢, 則變置社稷."
<small>연 이 한 건 수 일　　즉 변 치 사 직</small>

貴(귀): 중요하다

社(사): 토지 신

稷(직): 곡물 신

社稷(사직): 국가(國家), 조정(朝廷), 사직을 세우는 것은 한 나라를 건국함을 의미함

得(득): 합하다, 만족하다

丘民(구민): 많은 백성

天子(천자): 하늘의 아들, 군주

諸侯(제후): 주(周)나라 때 봉(封)을 받아 그 곳에 나라를 세우고 다스리던 사람

大夫(대부): 제후의 가신

危(위): 위태롭게 하다

變置(변치): 바꾸어서 다시 새롭게 (제후를) 둠

犧牲(희생): 고대에 제사 때 죽이던 가축

成(성): 성(盛)과 같음, 살이 찌다

粢盛(자성): 제수품, 제기 안에 곡식을 가득 담다

以時(이시): 일정한 시기에 따라서

旱乾(한건): 한재(旱災), 가뭄

水溢(수일): 수재(水災), 홍수

정치의 근본은 백성이다

맹자께서 말씀하셨다.

"백성이 가장 귀한 것이요,

그 다음 중요한 것이 토지 신과 곡물 신인 사직(社稷)이고, 군주(제후)는 가장 가벼운 존재이다.

그런 까닭에 뭇 백성의 마음을 얻는 자가 천자가 되는 것이요,

천자의 신임을 얻는 자가 제후가 되는 것이요,

제후의 마음에 들면 대부가 된다.

제후가 무도하여 국가 사직을 위태롭게 만든다면 그 제후는 바꾸어서 새로운 제후를 세워야 한다.

제물로 쓸 소와 양을 살찌게 하고 제기에 담는 곡물도 정결하게 하여 제사를 때에 맞추어 지냈는데도 가뭄과 수해가 계속된다면, 그 사직의 신을 바꾸어야 한다."

● **쓰면서 음미하기**

民爲貴　　　天子

社稷　　　　諸侯

君爲輕　　　變置社稷

丘民

논어論語

孟子

大學

中庸

孟子曰, "養心莫善於寡欲.
맹 자 왈   양 심 막 선 어 과 욕

其爲人也寡欲, 雖有不存焉者, 寡矣,
기 위 인 야 과 욕   수 유 부 존 언 자   과 의

其爲人也多欲, 雖有存焉者, 寡矣."
기 위 인 야 다 욕   수 유 존 언 자   과 의

養心(양심): 마음을 기름, 심성을 수양함
莫善於〜(막선어): 〜보다 좋은 것이 없다
寡欲(과욕): 욕심을 줄임
雖(수): 비록 〜하더라도
寡(과): 적다, 짧다

190 　 爲人(위인): 사람 됨됨이

욕심 줄이기가 수양의 으뜸

맹자께서 말씀하셨다.

"사람의 심성을 수양하는 데는 욕심을 적게 하는 것보다 좋은 것이 없다.

그 사람됨이 욕심이 적으면, 비록 본래 마음을 보존하지 못하는 상황이 있어도 그것은 잠깐에 그치고 만다.

그 사람됨이 욕심이 많으면, 비록 본래 마음을 잘 보존한다 해도 그것은 잠깐에 그치고 만다."

🔹 쓰면서 음미하기

養心

寡欲

多欲

莫善於寡欲

맹자 참고문헌

성백효 역주, 『맹자집주』, 전통문화연구회, 1991.

김용옥, 『도올 만화 맹자1~2』, 통나무, 2013.

김용옥, 『맹자 사람의 길(상 · 하)』, 통나무, 2012.

이을호 역, 『한글 맹자』, 동양문헌학회, 2012.

장현근, 『맹자—바른 정치가 인간을 바로 세운다』, 한길사, 2010.

貝塚茂樹, 『孟子—講談社學術文庫』, 講談社, 2004.

金谷治, 『孟子(上下)』, 朝日新聞社, 1978.

九龍創作 編著, 『從成語 · 名句讀〈孟子〉』, 重慶出版集團, 2016.

唐文治, 『四書大義(孟子大義)』, 上海人民出版社, 2018.

潘新國 · 余文軍, 『孟子直解』, 浙江文藝出版社, 2000.

孫虹鋼, 『孟子』, 北京理工大學出版社, 2014.

3

대학 大學
산책

大學　第四十二○陸曰鄭云大學者以
其記博學可以為政也於錄屬通
論此大學之篇論學成之事治國章明其德於天下者
本明德所以先
從誠意為始○禮記　　鄭氏注　　孔穎達疏

【疏】正義曰　正義曰錄鄭目

大學之道在明明德在親民在止於至善知
（明明德謂顯明其至德也止猶自處也得謂得事之宜也○大舊音泰處也近附近之謂也近附近之泰劉直帶反）
此而后有定定而后能靜靜而后能安安而
后能慮慮而后能得物有本末事有終始知
所先後則近道矣
古之欲明明德於
天下者先治其
國欲治其國者先齊其家欲齊其家者先脩
其身欲脩其身者先正其心欲正其心者先
誠其意欲誠其意者先致其知
（知謂知善惡吉凶之所終始也○好呼報反惡烏路反下同）
致知在格物
（格來也物猶事也其知於善深則來善物其知於惡深則來惡物言事緣人所好來也此致或為至○格古百反）
物格而后知至
（其知如字徐音智下致知同）
知至而后意誠意誠而后心正心正而后身
脩身脩而后家齊家齊而后國治國治而后
天下平自天子以至於庶人壹是皆以脩身
為本其本亂而末治者否矣其所厚者薄而
其所薄者厚未之有也此謂知本此謂知之
至也
（壹是專行是也治直吏反下同治國並直吏反下同）
所謂誠其意者毋自欺

대학大學 산책

『대학』은 본래 『예기』 49편 중 제42편에 있던 것을 주희가 독립시켜 사서四書에 포함되는 경서가 되었다. 이 『대학』은 전문이 1,768자 밖에 안 되는 단편이다. 작자도 불확실하지만, 주희가 증자曾子를 공문의 학통을 이은 적자라고 말하였기 때문에 오랫동안 그렇게 여겨져 왔다. 증자는 맹자의 도통론에서 공자 다음에 위치하는 유가의 중요한 인물이다. 『사기』에서는 『효경孝經』도 증자의 저작이라고 할 정도로 증자는 전한前漢 이래 중국을 비롯한 동아시아 전통 사회에 심대한 영향을 끼쳤던 인물이다.

『대학』은 당대唐代 이전에는 사람들의 특별한 관심을 받은 적이 없었다. 당대의 한유韓愈가 그의 「원도原道」 등의 문장에서 『대학』의 내용을 인용한 이래, 점차 사람들의 관심을 받게 되었다. 북송北宋 시기 도학道學의 창시자인 정호程顥, 정이程頤 형제가 『대학』을 세상에 드러내어서, "공자의 유서遺書로 초학자들을 덕德에 들어가게 하는 입구"라고 하였다. 남송南宋의 주희朱熹는 『사서장구집주四書章句集註』를 편찬하였고, 그 뒤 그의 제자들은 사서四書를 국가시험인 과거科擧의 수험서로 자리 잡게 노력하였다. 『대학』은 이후 『예기』를 뛰어넘을 정도로 중요시 되었다.

『대학』을 매우 중시하였던 주희는, 『대학』 안에는 "옛사람들의 학문 순서"가 자세하게 설명되어 있다고 하면서, 배우는 사람은 가장 먼저 『대학』을 읽어야 한다고 강조하였다. 그는 『예기』 속의 「대학」은 "구본舊本에는 약간의 착오가 있다"고 보고, 『대학』의 본문 순서를 재배치하였을 뿐만 아니라 "격물치지格物致知를 보강하는 장章"을 만들어 내용도 보충하였다. 주희는 60세에 『대학장구서』를 완성하였는데, 그 이후 『대학』의 개편작업은 죽기 전까지 계속되었다고 한다.

『사서집주』 속의 『대학』은 205자의 '경經' 1장과 그것을 해설하는 1,546자의 '전傳' 10장으로 구성된다. '경經'은 공자의 말씀을 증자曾子가 기술한 부분으로, '삼강령三綱領'과 '팔조목八條目'이 핵심 내용이다. '전傳'은 "증자의 뜻을 제자들이 기록한 것"인데, 주희가 전傳 부분의 편차를 조정하여 경經의 삼강령과 팔조목의 내용과 순서에 합치하도록 하였다. 따라서 『대학』의 판본은 『예기』 속의 「대학」, 송대 주희에 의해 개편된 『대학장구』, 그리고 명대 왕양명王陽明이 주희의 『대학장구』를 비판하면서 『예기』의 본래 「대학」으로 돌아가야 한다고 주장하면서 제시하였던 『고본대학』 등 세 종류가 있다. 왕양명은 주희가 삼강령에서 '신민新民'으로 해석한 것을 고본에 따라서 친민親民으로 바로잡아야 한다고 주장하고, 팔조목의 '격물格物'도 주희가 "사물의 이치에 이르다"로 해석한 것을 "마음을 바로잡다"로 해석하였다.

『대학』은 유교적 실천철학의 방법론으로 주로 '인사人事'를 논하고 있는데, 이는 '천도天道'를 논하는 『중용』과 표리 관계에 있다고 할 수 있다. 주희가 중시하였던 '격물치지'는 '천리天理'(주희 철학 중에서 최고의 범주)를 체득하는 근본 방법이었다. 이러한 사상은 이후 동아시아 사상계에 매우 심원한 영향을 미치었다. 근대 자연과학이 전래되었을 때, 'physics'를 '격물학' 또는 '격치학'이라고 번역하였고, 이후 '물리학'이라는 말로 정착된 것을 보더라도 그 영향력이 지대하였음을 알 수 있다.

經경: 三綱領삼강령

大學之道, 在明明德,
대 학 지 도　　재 명 명 덕

在親民, 在止於至善.
재 친 민　　재 지 어 지 선

大學(대학): 대인(大人)의 학문, 또는 15세 이상의 학생이 다니는 학교

明(명): 밝히다

明德(명덕): 사람이 하늘로부터 부여 받은 허령불매(虛靈不昧)함, 마음, 양지(良志)

親民(친민): 백성을 친하게 하다. 주희는 친(親)을 신(新)으로 고쳐서 "오래된 폐단을 제거하여 새롭게
　　한다"고 보았다

止(지): 목표에 도달하여 옮기지 않음, 도달하다

至善(지선): 지극히 당연한 사물 이치, 최고의 선

대학의 세 원칙

대학의 종지(宗旨)는 자신의 밝은 덕성을 밖으로 드러내는 것에 있고,
백성의 오랜 폐단을 제거하고 새롭게 혁신하는 데 있으며,
사람들의 도덕을 최고의 경지(조善)에 도달시키는 데 있다.

쓰면서 음미하기

明明德

親民

止於至善

古之欲明明德於天下者, 先治其國.
고 지 욕 명 명 덕 어 천 하 자　선 치 기 국

欲治其國者, 先齊其家.
욕 치 기 국 자　선 제 기 가

欲齊其家者, 先修其身.
욕 제 기 가 자　선 수 기 신

欲修其身者, 先正其心.
욕 수 기 신 자　선 정 기 심

欲正其心者, 先誠其意.
욕 정 기 심 자　선 성 기 의

欲誠其意者, 先致其知.
욕 성 기 의 자　선 치 기 지

致知在格物.
치 지 재 격 물

欲(욕): ~하고자 하다. 원하다
天下(천하): 온 세상. 천자의 나라
國(국): 제후의 나라, 지역
齊(제): 가지런하게 하다. 다스리다
齊家(제가): 가정을 다스림
修(수): 닦다. 수양하다
正(정): 바로잡다

心(심): 몸의 주인되는 것
誠(성): 진실(眞實)
意(의): 마음이 드러난 것
致知(치지): 나의 지식을 지극한 곳까지 밀고
　　나감
格物(격물): 사물의 원리에 나아가 궁구함. 사
　　물의 원리를 바로잡음

대학의 여덟 조목

고대에 천하를 향하여 자신의 타고난 밝은 덕성을 드러내고자 하는 사람은, 먼저 자기의 국가를 잘 다스리고, 자기의 국가를 잘 다스리고자 하는 사람은, 먼저 자기의 가정을 잘 정돈하고, 그 가정을 잘 정돈하고 싶은 사람은, 먼저 자신을 수양해야 하고, 자신을 잘 수양하고자 하는 사람은, 먼저 자기의 마음을 바르게 하고, 마음을 바르게 하고 싶은 사람은, 먼저 자기의 생각을 성실하게 하고, 자기의 생각을 성실하게 하고 싶은 사람은, 먼저 자신의 지식을 확충하여 지극함에 도달하게 하여야 하는데, 지식을 확충하는 것은, 사물의 이치를 지극히 탐구함에 있다.

▶ 쓰면서 음미하기

平天下	正心
治國	誠意
齊家	致知
修身	格物

傳전: 格物致知격물치지

曰, 所謂致知在格物者, 言欲致吾之知,
왈 소위치지재격물자 언욕치오지지

在卽物而窮其理也.
재즉물이궁기리야

蓋人心之靈, 莫不有知, 而天下之物,
개인심지령 막부유지 이천하지물

莫不有理.
막불유리

惟於理有未窮, 故其知有不盡也.
유어리유미궁 고기지유불진야

是以大學始敎, 必使學者卽凡天下之物.
시이대학시교 필사학자즉범천하지물

莫不因其已知之理而益窮之,
막불인기이지지리이익궁지

以求至乎其極.
이구지호기극

至於用力之久, 而一旦豁然貫通焉.
지어용력지구 이일단활연관통언

則衆物之表裏精粗無不到.
즉중물지표리정조무부도

而吾心之全體大用, 無不明矣.
이오심지전체대용 무불명의

此謂物格. 此謂知之至也.
차위물격 차위지지지야

유교의 공부방법

5장은 '격물치지'의 뜻을 해석하였는데 지금은 없다. 그래서 주희가 정자(程子)의 뜻을 취하여 빠진 부분을 다음과 같이 보충하였다.

이른바 '지식을 지극히 함'(致知)이 '사물의 이치를 궁구함'(格物)에 있다는 것은, 나의 지식을 지극히 하고자 한다면, 사물에 나아가서 그 이치를 궁구함에 있음을 말한 것이다. 사람 마음(人心)의 영특함은 앎이 있지 않음이 없고, 천하의 사물은 이치가 있지 않음이 없건마는, 다만 이치에 대하여 궁구하지 않음이 있기 때문에, 그 앎이 지극하지 못함이 있는 것이다. 이 때문에 대학(大學)에서 처음 가르칠 때에 반드시 배우는 자들로 하여금 모든 천하의 사물에 나아가서 그 이미 알고 있는 이치를 근거로 하여 더욱 궁구해서 그 지극함(極)에 도달함을 구하지 않음이 없게 하는 것이다. 그리하여 힘쓰기를 오래 해서 하루 아침에 환하게 (豁然) 관통함에 이르면, 모든 사물의 겉과 속(表裏)과 정밀함과 거칠음(精粗)이 이르지 않음이 없을 것이요, 내 마음의 전체(全體)와 대용(大用)이 밝지 않음이 없을 것이니, 이것을 격물(格物)이라 이르며, 이것을 지식의 지극함(知之至)이라고 이른다.

卽物(즉물): 물에 나아가다
窮(궁): 다하다
靈(령): 신령하다, 뛰어나다
惟(유): 오직, 생각하다
是以(시이): 이 때문에
旦(단): 아침
豁(활): 넓다
表裏(표리): 겉과 속
精(정): 자세하다, 정밀하다
粗(조): 거칠다

格物致知

卽物窮理

人心之靈

天下之物

理有未窮

知有不盡

豁然貫通

表裏精粗

全體大用

論語

孟子

大學

中庸

傳전: 誠意 성의

所謂誠其意者, 毋自欺也.
소 위 성 기 의 자 무 자 기 야

如惡惡臭, 如好好色, 此之謂自謙.
여 오 악 취 여 호 호 색 차 지 위 자 겸

故君子必愼其獨也.
고 군 자 필 신 기 독 야

小人閑居, 爲不善, 無所不至,
소 인 한 거 위 불 선 무 소 부 지

見君子而後厭然, 揜其不善而著其善.
견 군 자 이 후 염 연 엄 기 불 선 이 저 기 선

人之視己, 如見其肺肝然, 則何益矣.
인 지 시 기 여 견 기 폐 간 연 즉 하 익 의

此謂誠於中, 形於外, 故君子必愼其獨也.
차 위 성 어 중 형 어 외 고 군 자 필 신 기 독 야

曾子曰, 十目所視, 十手所指, 其嚴乎.
증 자 왈 십 목 소 시 십 수 소 지 기 엄 호

富潤屋, 德潤身, 心廣體胖,
부 윤 옥 덕 윤 신 심 광 체 반

故君子必誠其意.
고 군 자 필 성 기 의

마음을 바르게 하기

이른바 자기의 뜻을 진실하게 한다는 것은, 자신이 자기의 감정을 속이지 않는 것을 말한다. 예를 들면, 추악한 사물을 접했을 때 혐오하여 냄새도 맡기 싫어하는 것처럼 하고, 아름다운 사물을 접했을 때 기뻐서 미색을 좋아하는 것처럼하니, 이것을 일컬어 자신의 감정에 충실하다, 즉 자겸(自謙)이라 일컫는 것이다. 그러므로 군자(君子)는 그 홀로 있을 때의 감정을 신중히 해야 하는 것이다.

소인(小人)은 남들에게 보이지 않는 곳에서 한가히 있을 때는, 나쁜 짓을 해도 못하는 짓이 없을 정도로 못되게 굴다가, 군자(君子)를 본 뒤에는 겸연쩍게 그 나쁜 짓을 가려버리고 그 선(善)한 모습만을 드러내놓는다. 그러나 타인들이 그 자를 볼 때는 이미 그 사람 뱃속의 폐와 간을 들여다 보듯이 할 것이니, 숨긴다고 하여도 무슨 소용이 있겠는가? 이것을 일러, "중심(中心)에 성실한 덕이 쌓이게 되면 그것이 저절로 외면(外面)에 드러나게 된다."고 하는 것이다. 그러므로 군자(君子)는 반드시 그 홀로 있을 때를 신중히 해야 하는 것이다.

증자(曾子)께서 말씀하셨다. "열 눈이 나를 보며, 열 손가락이 나를 가리키는도다! 아 무섭구나!:

부(富)는 집을 윤택하게 하지만, 덕(德)은 몸을 윤택하게 한다. 덕(德)이 있으면 마음이 넓어지고 몸이 편안해진다. 그러므로 군자(君子)는 반드시 그 뜻을 성실하게 해야 하는 것이다.

誠(성): 정성, 진실하다
毋(무): 말다(=勿, 금지사)
欺(기): 속이다
惡(오): 싫어하다
惡臭(악취): 나쁜 냄새
好(호): 좋아하다
好色(호색): 아름다운 미색
謙(겸): 만족하다(=慊, 快, 足), 겸손하다
獨(독): 남들은 알지 못하지만 자신만 아는 것
閑居(한거): 혼자 있는 곳
厭然(염연): 겸연쩍다, 몰래 만족하다
☒(엄): 가리다
著(저): 드러나다
肺肝(폐간): 폐와 간
潤(윤): 윤택하다, 적시다
胖(반): 편안하게 펴짐(安舒)

誠意

惡惡臭

好好色

自謙

慎獨

誠於中

形於外

十目所視

十手所指

心廣體胖

生財有大道, 生之者衆, 食之者寡,
생 재 유 대 도　 생 지 자 중　 식 지 자 과

爲之者疾, 用之者舒, 則財恒足矣.
위 지 자 질　 용 지 자 서　 즉 재 궁 족 의

仁者以財發身, 不仁者以身發財.
인 자 이 재 발 신　 불 인 자 이 신 발 재

未有上好仁, 而下不好義者也.
미 유 상 호 인　 이 하 부 호 의 자 지

未有好義, 其事不終者也.
미 유 호 의　 기 사 불 종 자 야

未有府庫財, 非其財者也.
미 유 부 고 재　 비 기 재 자 야

大道(대도): 근본 원칙
衆(중): 많다
과(寡): 적다
疾(질): 빠르다, 병
舒(서): 느리다, 펴다, 흩어지다
恒(항): 항상
足(족):넉넉하다, 발
發(발): 드러내다
上(상): 윗사람
府庫(부고): 창고

세상 다스리는 원리(1)

국가의 재화를 생산함에 근본적인 원칙이 있다. 땀 흘려 생산하는 사람을 많게 하고, 무위도식하는 비생산자를 적게 한다. 일하는 사람이 효율적으로 빨리 일할 수 있게 돕고, 거둔 세금을 사용할 때는 가능한 신중히 생각하여 천천히 하게 한다. 그러면 국가의 재정은 항상 풍족할 것이다.

인덕(仁德)을 갖춘 사람은 재물을 효율적으로 사용하여 자신의 덕행과 명예를 드러내고, 인덕을 못 갖춘 사람은 자기 몸을 망쳐서 재물만 긁어모은다.

군주가 인(仁)을 좋아하는데, 백성들이 의로움(義)을 좋아하지 않을 수 없다. 백성들이 의로움(義)을 좋아하는데 군주의 일이 끝마쳐지지 못하는 경우가 없다. 국가의 창고(府庫)에 축적된 재화는 그 국가 인민의 재물이 아닌 경우가 없다.

● **쓰면서 음미하기**

生財　　　　仁者以財發身

生之者衆　　上好仁

食之者寡　　好義

爲之者疾

用之者舒

孟獻子曰, 畜馬乘, 不察於雞豚,
맹 헌 자 왈　　 휵 마 승　　불 찰 어 계 돈

伐冰之家, 不畜牛羊, 百乘之家,
벌 빙 지 가　　 불 축(휵) 우 양　　 백 승 지 가

不畜聚斂之臣.
불 휵 취 렴 지 신

與其有聚斂之臣, 寧有盜臣.
여 기 유 취 렴 지 신　　 녕 유 도 신

此謂國不以利爲利, 以義爲利也.
차 위 국 불 이 리 위 리　　 이 의 위 리 야

長國家而務財用者, 必自小人矣.
장 국 가 이 무 재 용 자　　 필 자 소 인 의

彼爲善之, 小人之使爲國家, 菑(災)害並至,
피 위 선 지　　 소 인 지 사 위 국 가　　 재　　 해 병 지

雖有善者, 亦無如之何矣.
수 유 선 자　　 역 무 여 지 하 의

此謂國不以利爲利, 以義爲利也.
차 위 국 불 이 리 위 리　　 이 의 위 리 야

세상 다스리는 원리(2)

노나라의 현명한 대부 맹헌자(孟獻子)가 말하였다.

"사두마차(馬乘) 정도의 말을 기르는 정도의 높은 신분(上士)이라면 닭과 돼지를 길러 돈 벌 생각을 하지 않는다. 제사에 얼음을 쓸 정도의 높은 신분(大夫)이라면 소나 양을 길러 돈 벌 생각을 하지 않는다. 수레 백승(百乘)을 낼 수 있는 경대부(卿大夫) 신분이라면 영지의 백성에게 중세(重稅)를 거둬들이는 신하를 거느리지 않는다. 중세를 거둬들이는 신하를 둘 바에는 차라리 도둑질하는 신하를 두어라." 이것을 일컬어 "나라는 이익을 취하는 것만을 이익으로 여기지 않고, 의(義)를 구현하는 것을 이익으로 삼는다."고 하는 것이다.

국가의 어른이 된 자로서 재용(財用)에만 힘을 쓴다면, 반드시 소인(小人)들을 기용하지 않을 수 없다. 군주가 아무리 정치를 잘하려고 해도, 저 소인(小人)으로 하여금 국가를 다스리게 하면 천재(天災)와 인해(人害)가 함께 이르게 된다. 아무리 의로운 자들이 국가에 있다고 할지라도 어찌할 방법이 없는 것이다. 이것을 일컬어 "나라는 이익을 취하는 것만을 이익으로 삼지 않고, 의(義)를 구현하는 것을 이로움으로 삼는다."고 하는 것이다.

孟獻子(맹헌자): 노나라의 현인인 중손멸(仲孫蔑)
畜(휵): 기르다
畜馬乘(휵마승): 마승(馬乘)은 사두마차. 사(士)가 처음 벼슬하여 대부(大夫)가 된 자(者)
伐冰之家(벌빙지가): 경대부(卿大夫) 이상으로 상례와 제례에 얼음을 사용하는 자(者)
百乘之家(백승지가): 채지(采地)를 가지고 있으면서 병거(兵車) 백승을 낼 수 있는 자(者)
聚斂(취렴): 세금을 거두어 들임
與其(여기)A寧(녕)B: A하는 것 보다 차라리 B가 낫다
以(이)A 爲(위)B: A를 B라고 여기다
長(장): 우두머리, 어른
竝(병): 아우르다

● 쓰면서 음미하기

畜馬乘

伐冰之家

百乘之家

與其有聚斂之臣

寧有盜臣

不以利爲利

以義爲利

대학 참고문헌

성백효 역주, 『大學·中庸集註』, 전통문화연구회, 1991.

唐文治, 『四書大義(中庸大義)』, 上海人民出版社, 2018.

丁紀, 『大學條解』, 中華書局, 2012.

史幼波, 『〈大學〉講記』, 中華工商聯合出版社. 2015.

김용옥, 『대학·학기 한글역주』, 통나무, 2011.

島田虔次, 『大學·中庸(上下)』, 朝日新聞社, 1978.

4

중용 中庸
산책

禮記

鄭氏注　孔穎達疏

中庸第三十一。○陸曰鄭云以其記中和之爲用也庸用也孔子之孫子思伋作之以昭明聖祖之德。○(疏)正義曰案鄭目錄云名曰中庸者以其記中和之爲用也庸用也孔子之孫子思伋作之以昭明聖祖之德此於別錄屬通論

天命之謂性率性之謂道修道之謂教　天命謂天所命生人者也是謂性命木神則仁金神則義火神則禮水神則信土神則知。率性循性行之是謂道脩治也治而廣之人放效之是曰教。○(疏)正義曰此一節明中庸先本之性欲明中庸先本之至。○天命之謂性者天本無體亦無言語之命但人感自然而生有賢愚吉凶君子之所

道也者不可須臾離也可離非道也　道猶道路也出入動作由之離之惡乎從也。○鄭是故君子戒慎乎其所

不睹恐懼乎其所不聞　小人閒居爲不善無所不至也君子則不然雖視之無人

莫見乎隱莫顯乎微故君子慎其獨也　慎獨者慎其閒居之所爲小人於隱者動作言語自以爲不見不聞則必肆盡其情也若有所見則愧其惡是爲顯見甚於衆人之中也。○(疏)見賢遍反注顯見

喜怒哀樂之未發謂之中發而皆　樂音洛注同

中節謂之和中也者天下之大本也和也者　中爲大本以其含喜怒哀樂禮之所生也○和爲大

天下之達道也　由生政教自此出也

致中和天地位焉萬物育焉　正義曰此一節明中庸之爲德必脩道而行○致中和天地位焉者○德必脩道而行謂致中和天地位焉萬物育焉然而性有賢愚吉凶君子之行謂致命但人感自子

중용中庸 산책

　『중용』은 사서四書의 하나로서 옛날에 동아시아 지식인들이 필수적으로 읽던 경서로, 이것을 학습하지 않고는 관리가 될 수도 없었다. 『중용』은 『대학』과 마찬가지로 『예기』 중의 한 편명이다. 송대의 유자들이 『중용』을 중시하기에 앞서서, 당대의 이고李翱 등이 처음으로 『중용』을 중시하기 시작하였다. 북송시기에는 진사進士 합격자에게 황제가 직접 『중용』을 하사하였는데, 당시에 『중용』의 위상이 얼마나 높았는지를 짐작할 수 있다. 주희朱熹가 『사서장구집주四書章句集註』를 편찬하면서 『중용』을 유가儒家의 가장 중요한 경전의 하나로 끌어올렸다.

　사서四書 중에서도 『중용』의 구성은 매우 특이하다. 『논어』 『맹자』는 물론이고 『대학』에 이르기 까지 모두 편篇의 머리 부분 두세 글자로 편명을 삼았다. 예를 들면 「학이」, 「양혜왕」 등과 같은 형식이다. 그러나 '중용'이라는 말은 결코 『중용』의 시작 부분의 말이 아니었다. 이로 인해 후세에는 '중용'이라는 한 단어를 매우 중시하게 되었다. 송대와 명대의 성리학에서는 '중용'이라는 말을 크게 두 종류로 풀이하였다. 북송시기의 정이鄭頤는 "치우치지 않는 것을 중中이라고 하고不偏之謂中, 바꾸지 않는 것을 용庸이라고 한다不易之謂庸. 중中이란 천하의 바른 도正道이고, 용庸이란 천하의 정해진 원리定理이다."고 하였다. 남송시기의 주희朱熹는 "중

中이란 한쪽으로 치우치거나 들러붙음이 없고不偏不倚, 지나치거나 부족함이 없음無過不及을 일컫는 말이고, 용庸은 평범한 일상平常이다."고 하였다. 두 사람의 의견의 차이는 '용庸'이라는 글자에 대한 이해에 있다. 정이는 '항상'이라고 보았고, 주희는 '평상' 즉 평범으로 보았다.

『중용』의 주요 내용인 '성性'과 '천도天道'에 관한 설명을『논어』에서 찾아보면 극히 적은 부분에 지나지 않는다. 주희는 그러한 사정을 "공자 문하에 전수되던 심법心法이 후대로 내려와 큰 차이가 생기는 것을 걱정한 자사子思가 붓을 들어 책으로 만들어 맹자에게 전하였다고 설명한다. 따라서 사서四書를 읽을 때, 응당『중용』을 가장 뒤로 하여, 옛사람의 미묘한 의미를 구한다고 한다. 성리학의 창립과 발전 과정 중에서,『중용』과『역전易傳』은 신유학의 건립을 위하여 형이상학적 경전의 기초를 제공하였다.『중용』에 보이는 성리학의 많은 개념들, 예를 들면, 성性, 도道, 교教, 신독愼獨, 미발未發, 기발旣發, 중화中和, 성명性明 등은 모두 성리학자들이 끊임없이 토론하던 명제가 되었다.

『중용』은 본래『예기』제31편에 있던 것으로, 모두 3,568자에 지나지 않는 단편이다. 작자는 옛부터 공자의 손자인 공급孔級(자는 자사子思)이라고 전해왔다.(『사기』, 「공자세가孔子世家」) 주자는『중용장구中庸章句』를 편찬하면서 『예기』의 「중용」편 전문全文을 가져와서 33장으로 나누었다. 다시 주자는 논술된 내용에 따라서 33장을 상편(1장~20장)과 하편(21장 ~33장)으로 나누었다. 상편은 자사가 공자 문하에 전해오는 심법心法에 관한 언설을 중점적으로 하고 있는 반면, 하편은 '성誠' 개념에 관한 여러 성인들의 논의를 모아놓고 있다.

天命之謂性, 率性之謂道, 修道之謂敎.
천명지위성 솔성지위도 수도지위교

道也者, 不可須臾離也.
도야자 불가수유리야

可離, 非道也.
가리 비도야

是故, 君子, 戒愼乎其所不睹,
시고 군자 계신호기소부도

恐懼乎其所不聞.
공구호기소불문

莫見乎隱, 莫顯乎微, 故君子愼其獨也.
막현호은 막현호미 고군자신기독야

天命(천명): 하늘의 명령
性(성): 인간의 타고난 성향. 천리(天理).
率(솔): 따르다(循), 이끌다
道(도): 우주의 원리, 천리(天理)
須臾(수유): 아주 잠깐
～之謂～: 그것은 ～(을)를 해석한 것이다(개
　념 규정). 之는 대명사
戒愼(계신): 경계하고 삼가다
乎(호): 우(于)와 같이 ～를

恐懼(공구): 두려워하다
睹(도): 보다
聞(문): 듣다
見(현): 드러나다. 참조: 볼견(見)
乎隱(호은): 은미함 보다. 호(乎)는 ～보다(비
　교)
顯(현): 드러나다
愼(신): 삼가다
獨(독): 혼자, 홀로

천명과 성에 대하여

하늘이 만물에게 부여한 천명(天命)이란 성(性)을 해석한 것이고, 각자에게 부여된 천성에 따르는 것은 도(道)를 해석한 것이고, 도(道)를 실행하는 것은 교(教化)를 설명한 것이다. 도(道)라는 것은 잠시라도 떠날 수 없는 것이다. 도(道)가 만일 떠날 수 있다면 그것은 도(道)가 아니다.

그러므로 군자는 남이 보지 않는 곳에서도 경계하고 근신함을 유지하고, 남이 듣지 못하는 곳에서도 공경하고 두려워하는 마음을 지닌다. 사람 마음속의 욕망은 (남들은 몰라도 자신은 알고 있으므로) 형체가 드러나지 않는 어두운 곳, 또는 지극히 미세한 일이라도 이보다 더 잘 드러나는 것은 없다. 따라서 군자는 욕망의 싹을 방지하기 위하여 타인이 보지 못하고 듣지 못하는 홀로 있는 곳에서도 조심하고 삼가는 것이다.

● **쓰면서 음미하기**

天命
率性
修道
不可須臾離
戒愼

恐懼
莫見乎隱
莫顯乎微
愼獨

喜怒哀樂之未發, 謂之中, 發而皆中節,
희 노 애 락 지 미 발　위 지 중　발 이 개 중 절

謂之和.
위 지 화

中也者, 天下之大本也, 和也者,
중 야 자　천 하 지 대 본 야　화 야 자

天下之達道也.
천 하 지 달 도 야

致中和, 天地位焉, 萬物育焉.
지 중 화　천 지 위 언　만 물 육 언

喜怒哀樂(희노애락): 사람의 감정으로 기쁨, 성냄, 슬픔, 즐거움
謂之~(위지): 말하다. 之는 謂를 동사로 읽게 지시하는 어조사
中(중): 본래의 성(誠)의 상태. 치우침이 없는 상태(不偏不倚)
和(화): 정(情)이 절도에 맞아 정상적인 상태. 과불급(過不及)이 없는 상태
節(절): 절도(節度)
達(달): 달도(達道). 통달(通達)
致(치): 미루어 궁극에까지 도달함
位(위): 위치가 안정됨

育(육): 삶의 전 과정을 완수함

중용과 조화에 대하여

사람의 희노애락의 감정이 아직 드러나지 않은 것을 중(中)이라 부르고, 드러나서 모두 상황의 절도에 맞아 올바른 것을 화(和)라고 부른다. 중(中)이란 것은 천하의 큰 근본이며, 화(和)라는 것은 천하사람들이 달성해야만 하는 길(達道)이다. 중(中)과 화(和)를 지극한 경지에 밀고 나가면, 하늘과 땅이 바르게 자리잡을 수 있고, 그 사이에 있는 만물은 잘 생장하여 삶을 완수할 것이다.

● 쓰면서 음미하기

喜怒哀樂

未發

中節

天下之大本

天下之達道

致中和

天地位

萬物育

時中 시중

仲尼曰, "君子中庸, 小人反中庸.
중니왈   군자중용   소인반중용

君子之中庸也, 君子而時中,
군자지중용야   군자이시중

小人之中庸也, 小人而無忌憚也."
소인지중용야   소인이무기탄야

仲尼(중니): 공자의 자(字), 공자의 부모가 곡부에서 멀리 떨어지지 않은 니산(尼山)에서 빌어서 공자
　　가 태어났기 때문에 붙여진 자(字)라고 함

中庸(중용): 치우치지 않고 과불급(過不及)이 없는 평범하고 당연한 도리

而(이): ～으로서(=以), 그러나, 그리고

時中(시중): 때에 맞추어 중(中)에 있음

릿憚(기탄): 거리낌, 꺼림

시의적절함에 대하여

중니께서 말씀하셨다.

"군자의 행위는 중용에 부합하고, 소인의 행위는 중용에서 어긋난다. 군자가 중용을 행함은 군자답게 때에 맞추어 중(中)을 실현한다. 소인이 중용을 행함은 소인답게 언행에 거리끼는 바가 없다."

● 쓰면서 음미하기

君子
小人
中庸
反中庸
時中
無忌憚

鬼神귀신

子曰, "鬼神之爲德, 其盛矣乎!
자 왈   귀 신 지 위 덕   기 성 의 호

視之而弗見, 聽之而弗聞,
시 지 이 불 견   청 지 이 불 문

體物而不可遺.
체 물 이 불 가 유

使天下之人, 齊明盛服, 以承祭祀,
사 천 하 지 인   제 명 성 복   이 승 제 사

洋洋乎! 如在其上, 如在其左右."
양 양 호   여 재 기 상   여 재 기 좌 우

鬼神(귀신): 사람이 죽으면 귀(鬼)라고 하는데, 많은 사람에게 추앙받는 귀(鬼)를 신(神)이라고 함
爲德(위덕): 성정(性情). 공효(功效)
盛(성): 성대하다
矣乎(의호): 어조사. ~이구나
而(이): 그러나(접속사)
體(체): 몸. 근간이 됨
遺(유): 남기다. 빠뜨리다
齊(제): 제사(祭祀) 전에 몸과 마음을 정결하게 함. 재계(齋戒)
明(명): 깨끗함(潔). 참조: 밝을 명(明)
洋洋(양양): 바닷물이 사방에 넘실넘실 넘치는 모습

귀신에 대하여

공자께서 말씀하셨다.

"귀신이 발휘하는 공효는 참으로 성대하도다! 비록 보려고 해도 보이지 않고, 들으려 해도 들리지 않지만, 귀신은 모든 사물을 체현시키며 하나도 빠뜨리지 않는다.

천하의 사람들로 하여금 몸과 마음을 재계(齋戒)하고 깨끗하게 하여, 정결하게 장중한 예복을 입고 제사를 받들게 한다. (귀신은) 바닷물이 사방에 넘실넘실 넘치듯 하구나! 마치 저 위에 있는 듯하며, 왼쪽에도 오른쪽에도 있는 듯하다."

> **쓰면서 음미하기**

鬼神

視之弗見

聽之弗聞

體物不可遺

齊明盛服

承祭祀

誠實성실

誠者, 天之道也.
성 자 천 지 도 야

誠之者, 人之道也.
성 지 자 인 지 도 야

誠者, 不勉而中, 不思而得,
성 자 불 면 이 중 불 사 이 득

從容中道, 聖人也.
종 용 중 도 성 인 야

誠之者, 擇善而固執之者也.
성 지 자 택 선 이 고 집 지 자 야

誠(성): 진실무망(眞實無妄) 즉 진실되고 거짓됨이 없음. 천리의 본래적 모습의 실현
誠之(성지): 이것(之)을 진실하게 함. 여기서 '之'는 '誠'을 동사로 읽도록 지시하는 것
勉(면): 힘쓰다. 努力(노력)
中(중): 들어맞다. 가운데
思(사): 사색
從容(종용): 자연스러운 몸가짐. 동용주선(動容周旋)
固執(고집): 굳게 지킴

성실함에 대하여

진실무망(眞實無妄) 즉 진실되고 거짓됨이 없는 성(誠)은 천지의 고유한 천도(天道)이고, 성(誠)에 도달하려고 하는 것은 응당 사람이 힘써야 하는 사람의 길(道)이다. 진실무망 그 자체인 천도는 노력하기를 기다리지 않고도 중용이며, 사색을 기다리지 않고도 진리(至善)를 파악하고 있으며, 자연스러운 몸가짐이 중요의 도에 딱 들어맞으니 그것이 바로 틀림없는 성인의 경지이다. 노력하여 성(誠)에 도달하려고 생각하는 일반인은 선(善)을 선택하여 굳게 유지하려고 노력하여야 한다.

> ● **쓰면서 음미하기**

誠者

天之道

誠之者

人之道

從容中道

擇善固執

博學之, 審問之, 愼思之, 明辨之, 篤行之.
박 학 지 심 문 지 신 사 지 명 변 지 독 행 지

有弗學, 學之弗能弗措也,
유 불 학 학 지 불 능 불 조 야

有弗問, 問之弗知弗措也,
유 불 문 문 지 불 지 불 조 야

有弗思, 思之弗得弗措也,
유 불 사 사 지 불 득 불 조 야

有弗辨, 辨之弗明弗措也,
유 불 변 변 지 불 명 불 조 야

有弗行, 行之弗篤弗措也.
유 불 행 행 지 불 독 불 조 야

人一能之, 己百之, 人十能之, 己千之.
인 일 능 지 기 백 지 인 십 능 지 기 천 지

果能此道矣, 雖愚必明, 雖柔必强.
과 능 차 도 의 수 우 필 명 수 유 필 강

博學(박학): 다양한 문헌을 통하여 널리 배움
審問(심문): 상세하게 질문함
愼思(신사): 신중하게 생각함
明辨(명변): 분명하게 분별함
篤行(독행): 독실하게 행함
不能(불능): 능하지 않다

措(조): 두다, 그만두다
人(인): 남, 타인
己(기): 나, 자기
果(과): 만일, 과연, 결과
愚(우): 어리석다

강건한 사람이 되는 방법

성(誠)에 도달하려면, 널리 배우시오. 자세히 물으십시오. 신중히 생각하십시오. 분명하게 사리를 분별하시오. 독실하게 실천하십시오. 배우지 않음이 있을지언정, 배울진대 능하지 못하면 도중에 포기하지 마십시오. 생각하지 않을지언정, 생각할진대 결말을 얻지 못하면 도중에 포기하지 마십시오. 분별하지 않음이 있을지언정, 분별할진대 분명하지 못하면 도중에 포기하지 마십시오. 행하지 않음이 있을지언정, 행할진대 독실하지 못하거든 도중에 포기하지 마십시오.

남이 한 번에 능하거든 나는 백 번을 하며, 남이 열 번에 능하거든 나는 천 번을 하십시오. 만일 성(誠)에 도달하려는 사람의 도(道)를 실천한다면, 비록 어리석은 사람일지라도 현명해지며, 비록 유약한 사람일지라도 반드시 강건하게 될 것 입니다.

> ● **쓰면서 음미하기**

博學　　　　　篤行

審問　　　　　人一能之

愼思　　　　　己百之

明辨

德性덕성과 學問학문

故君子, 尊德性而道問學,
고 군 자 존 덕 성 이 도 문 학

致廣大而盡精微,
치 광 대 이 진 정 미

極高明而道中庸.
극 고 명 이 도 중 용

溫故而知新, 敦厚以崇禮.
온 고 이 지 신 돈 후 이 숭 례

尊(존): 공경하여 받듬
德性(덕성): 태어나면서부터 자신이 갖고 있는 리(理), 성(性)
道(도): 말미암다(由). 길, 방법이란 의미도 있음
問學(문학): 학문
致廣大(치광대): 광대는 박후(博厚)의 뜻과 같음
敦厚(돈후): 중후한 인품을 후덕하게 함

공부의 두 가지 길

그러므로 군자는 덕성을 존중하는 동시에 반드시 문학(問學)을 통하여 도(道)를 실천한다. 광대함을 지극히 하는 동시에 정미(精微)함을 극진하게 탐구하며, 고명(高明)함을 극한까지 밀고 가는 동시에 일상적 중용의 길을 걸으며, 이미 배워 알고 있는 것을 항상 반복 학습하여 새로운 지식을 생산하며, 중후한 인품을 더욱 후덕하게 하여 사회적 예를 숭상한다.

● **쓰면서 음미하기**

尊德性

道問學

盡精微

道中庸

溫故知新

敦厚崇禮

중용 참고문헌

성백효 역주, 『大學 · 中庸集註』, 전통문화연구회, 1991.

김용옥, 『중용 인간의 맛』, 통나무, 2011.

唐文治, 『四書大義(中庸大義)』, 上海人民出版社, 2018.

李覲, 『天理昭彰: 悅讀〈四書集註〉』, 江蘇人民出版社, 2016.

史幼波, 『〈中庸〉講記』, 中華工商聯合出版社, 2015.

島田虔次, 『大學 · 中庸(上下)』, 朝日新聞社, 1978.

**사서
산책**

논어 · 맹자 · 대학 · 중용

1판 1쇄 펴냄   2019년 9월 2일
1판 4쇄 펴냄   2023년 2월 10일

저자   한예원
펴낸이   김정호
펴낸곳   아카넷

출판등록   2000년 1월 24일(제406-2000-000012호)
주소   10881 경기도 파주시 회동길 445-3 2층
전화   031-955-9510(편집) 031-955-9514(주문)
팩스   031-955-9519
책임편집   김일수

www.acanet.co.kr ∣ www.phildam.net

ⓒ 한예원, 2019
Printed in Paju, Korea.

ISBN 978-89-5733-644-1   03140

이 도서의 국립중앙도서관 출판예정도서목록(CIP)은 서지정보유통지원시스템 홈페이지(http://seoji.nl.go.kr)와
국가자료공동목록시스템(http://www.nl.go.kr/kolisnet)에서 이용하실 수 있습니다.
(CIP제어번호: CIP2019033034)